*Continuando el camino:
Cultivando una fe vivida*

por

Julie Dienno-Demarest

Traducido por
Irene Andrea Herrera Cadena

Editado por
Amada Rivera Gordon

ISBN 978-1511835053
© 2015 Julie Dienno-Demarest. Todos los derechos reservados. Prohibida la reproducción total o parcial de esta obra sin el previo consentimiento escrito del autor.

Dedicación

Para mis chicos:
mi esposo, Peter
y mis hijos, Alex y Max

Tabla de contenidos

Abreviaciones vii

Introducción ix

1. Yo, aquí, ahora 1
2. (Re)Avivando nuestra pasión para Dios 5
3. Confundiendo perfeccionismo espiritual con discipulado 11
4. Cielo, infierno, purgatorio y juicio 16
5. ¿Qué es exactamente la virtud de la fe? 21
6. De la muerte a una vida nueva 25
7. Se trata de relación, no de reglas 29
8. Querer vs. amar 32
9. Llamado por Dios 36
10. La oración como conversación 40
11. Crisis espiritual 44
12. El amor y el juicio de los demás 48
13. Amor en las relaciones 53
14. Pecado y misericordia 58
15. Júbilo 63
16. Arrepentimiento y remordimiento 66
17. Perdón 70
18. Teología del cuerpo 76
19. Obsesión o valoración 80
20. La liturgia no es un deporte de espectadores 84
21. La Eucaristía 88
22. Servicio y justicia 92
23. Verdad y mentiras 99
24. Incluso Jesús necesitó tiempo de inactividad 104
25. Amistad 110

26. Esperanza 116
27. Administración y límites 120
28. Anhelo 125
Bibliografía 131

Abreviaciones

CIC *Catecismo de la Iglesia Católica*

EN *Evangelii Nuntiandi* (Evangelización en el Mundo Contemporáneo)

DNC *Directorio Nacional para la Catequesis*

GS *Gaudium et Spes* (Constitución Pastoral Sobre la Iglesia en el Mundo Actual)

JM *Justitia in Mundo* (Justicia en el Mundo)

LG *Lumen Gentium* (Constitución dogmática sobre la Iglesia)

RM *Redemptoris Missio* (Sobre la Permanente Validez Del Mandato Misionero)

CESC *Sharing Catholic Social Teaching, Challenges and Directions (Compartiendo la enseñanza social Católica, retos y direcciones)*

Introducción

▲

Continuando el camino se trata sobre cultivar la fe vivida. Una cosa es conocer sobre tu fe; otra es realmente poner ideas en acción y vivir como un discípulo de Cristo. Igualmente, una cosa es seguir los pasos; otra es entender por qué hacemos lo que hacemos. Cada capítulo te ayudará a cultivar una fe vivida al pedirte reflejar tu vida, traerla a la conversación de tu fe, y específicamente al retarte a invitar el poder transformador del Espíritu Santo a tu vida al expresar un compromiso de actuar.

Fe vivida—y el proceso de transformación—no es ni fácil ni automático. Al contrario, es un viaje de toda la vida que requiere de compromiso personal.

Tal vez estés comprometido con el camino del discipulado. Quizás fuiste criado en la fe, pero estés luchando. A lo mejor te encuentras en el lugar de la búsqueda sincera, y tienes más preguntas que respuestas. Donde sea que te encuentres en este camino, este libro es para ti.

Vengo a escribir este libro con experiencia como educadora de religión. No escribo para tratar de convencerte. Escribo para ayudarte a entender de la fe, pedir tu reflexión, y animarte a lo largo de tu viaje.

Sea que estuviese enseñando preparatoria o escribiendo material curricular para una serie de libros de texto, ocasionalmente comentaba con otros adultos sobre los temas en los cuales estaba trabajando— algunos fieles comprometidos, otros luchando en la fe. Me sorprendía continuamente por cuantos adultos comentaban, "guau, necesito tomar una clase como esa." No es que todas las personas con las que hablaba no estaban educadas en su fe; es que la mayoría no había pensado sobre ciertos aspectos de su fe y como están relacionados con su vida de hoy.

En el primer capítulo, habrá una serie de preguntas con la intención de ayudarte a desempacar tus intenciones y tu punto de partida. En los siguientes capítulos, hablaremos un aspecto de la fe en una manera que sea tanto accesible como atractiva. A lo largo del libro, encontrarás preguntas para reflexionar. Es en éstas preguntas de reflexión en las que estarás invitado a traer tu fe a la conversación con tu vida. Tómate el tiempo para ser lo más honesto posible. Omite las preguntas que no le hablen a tu corazón en este momento. Este proceso es para ti; no serás calificado.

Para ayudarte a continuar con tu camino—para ayudarte a lograr los cambios que quieres en tu vida— cada capítulo ofrecerá *información*, invitación a la *formación*, y motivación a la *transformación*. La información tiene el propósito de aumentar tu entendimiento de diferentes aspectos de nuestra fe. Con la formación, te invitaré a que reflejes en tus experiencias de vida, con la esperanza de que permitas a tu corazón ser influenciado por lo que aprendas. Cuando traemos nuestras vidas a la conversación con nuestra fe, cuando ponemos nuestros pensamientos en práctica, crecemos en fe y nuestras vidas son transformadas. La transformación no es algo que "nos sucede", ni es algo que logremos por nosotros mismos. Al contrario, la transformación ocurre cuando aceptamos cooperar con la gracia de Dios.

Ya sea que elijas leer *Continuando el camino* en grupo (discusión en un club de lectura) o independientemente, te animo a que lo leas a un ritmo que te dé tiempo para reflexionar. Con 28 capítulos, puedes leer un capítulo al día por un mes, o solo escoger un par de capítulos por semana. En cada capítulo, las preguntas están enumeradas para referencia fácil en una discusión de grupo.

En *Continuando el camino*, presento una variedad de temas teológicos, haré referencia de las Escrituras y tradición, particularmente del *Catecismo de la Iglesia Católica*. Cualquier referencia a las Escrituras vendrá de La Biblia Latinoamericana, al menos que se indique diferente.

En lugar de usar notas al pie de la página o notas al final para citar documentos de la Iglesia, indicaré las referencias usando una abreviación estándar y el número del párrafo, como (CIC, 309) o (*LG* 16). Así como las Escrituras están divididas en libros, capítulos y versículos, los documentos de la Iglesia-incluidos el *Catecismo*-están divididos en párrafos. A veces un número puede tener varios "párrafos", lo que puede resultar un poco confuso. Por lo que puede que los escuches como secciones, artículos, números o párrafos. Y así como las Escrituras, también hay abreviaciones estándares para los documentos en sí, como *LG* para *Lumen Gentium* o CIC para *Catecismo de la Iglesia Católica* (ver la página de abreviaciones).

Cada documento de la Iglesia al que haré referencia (incluyendo el *Catecismo*) está disponible, sin costo alguno, ya sea a través de la página de internet de la Conferencia de Obispos Católicos de los Estados Unidos (USCCB) por sus siglas en inglés United States Conference of Catholic Bishops (www.usccb.org) o la del Vaticano (www.vatican.va) o ambas. Lo que espero es que te sientas animado y confiado en visitar estos sitios para leer y aprender más sobre tu fe.

A modo de agradecimiento, quiero mencionar a la comunidad de retiros de ACTS de St. Paul the Apostle Catholic Church en Houston, Texas por su deseo de vivir su fe. Fue este deseo el que me impulsó a escribir este libro. Agradezco a Heidi Clark, la directora del Ministerio de Adultos de St. Paul y la Mesa Directiva de ACTS por su emoción y apoyo para este proyecto. Le doy las gracias a mis hermanas de ACTS, mis amigos, mi mamá,

Maureen Dienno y mi hermana, Laurie Dienno Pharr por haber leído, contestado, reflexionado y haberme animado durante el proceso de escritura. Con una profunda gratitud quiero agradecer a mi extraordinario marido, Peter Demarest, por su paciencia, amor, apoyo, ánimo, co-paternidad, edición y mercadeo.

Que la paz este contigo mientras continuas tu camino.

Julie Dienno-Demarest
9 de julio del 2014

También se les agradece de manera muy atenta a Lorena Howard, María del Rosario Horta de Muñoz y a María Emelia Cadena Paredes por su disponibilidad, tiempo y esfuerzo al haber colaborado con la corrección y edición de la traducción al español.

Capítulo 1

Yo, aquí, ahora

Soy un hechor. A veces cuando soy capaz de parar todo el "hacer" y simplemente "ser" en el momento presente, tomo una fotografía de mi vista. No un "selfie" (autorretrato), sino más bien una foto que incluye mis pies, como por ejemplo en la playa o en la hamaca… le llamo "Yo. Aquí. Ahora". En estos momentos, paro. Soy consciente. Y estoy presente intencionalmente. Este es un paso significativo para mí porque siempre estoy de prisa. ¿Quién soy yo, aquí mismo, ahora mismo? Yo, Aquí, Ahora: Soy una perfeccionista que está tratando de redefinir lo que es ser perfecto. Para mí, ahora, "perfecto" significa dejar ir lo que sea que necesite dejar ir para ser una presencia amorosa para los que más me importan. Soy una madre de dos niños en edad primaria, esforzándome por vivir mi fe lo mejor que pueda en mi vida actual.

~~~~~

Considera tu punto de partida aquí, en este momento, mientras lees este libro. ¿Estás comprometido en tu fe y buscando aprender y crecer? ¿No estás seguro de tu fe, tal vez tienes más preguntas que respuestas?

1. ¿Cuál es tu punto "Yo-Aquí-Ahora" de partida? ¿Qué experiencias recientes han tenido el mayor impacto en tu fe?

2. ¿Con qué estas luchando, ahora mismo?

3. ¿Mientras consideras traer tu vida a una conversación con tu fe, qué preguntas se te vienen a la mente? ¿Qué preocupaciones (o miedos) tienes?

4. ¿Qué sientes que Dios te llama a hacer a continuación? ¿Cuáles son los siguientes pasos que tienes que tomar?

Mientras consideras quien eres y donde estas en este momento – y que te trae al punto de estar leyendo este libro – recuerda la historia de la Transfiguración:

> Unos ocho días después de estos discursos, Jesús tomo consigo a Pedro, Santiago y a Juan y subió a un cerro a orar. Y mientras estaba orando, su cara cambio de aspecto y su ropa se volvió de una blancura fulgurante. Dos hombres, que eran Moisés y Elías, conversaban con él. Se veían en un estado de gloria y hablaban de su partida, que debía cumplirse en Jerusalén. Un sueño pesado se había apoderado de Pedro y sus compañeros, pero se despertaron de repente y vieron la gloria de Jesús y a los dos hombres que estaban con él. Como éstos estaban para irse, Pedro dijo a Jesús: "Maestro, ¡qué bueno que estemos aquí! Levantemos tres chozas: una para ti, otra para Moisés y otra para Elías." Pero no sabía lo que decía. Estaba todavía hablando, cuando se formó una nube que los cubrió con su sombra, y al quedar envueltos en la nube se atemorizaron. Pero de la nube llegó una voz que decía: "Este es mi Hijo, mi Elegido; escúchenlo." Después de oírse estas palabras, Jesús estaba allí solo. Los discípulos guardaron silencio por aquellos días, y no contaron nada a nadie de lo que habían visto. (Lucas 9:28-36)

Cuando leemos la historia de la transfiguración, nuestro enfoque es llevado a Jesús. Toma una mirada más cercana a las acciones y palabras de Pedro, Santiago y Juan. Después de haber sido vencido por el sueño, se despiertan a la Gloria de Dios, el instinto de Pedro fue el de instalar una tienda de campaña y quedarse ahí, pero ese no era el propósito. Fueron llamados a compartir una experiencia maravillosa. A medida que se quedaron en silencio y no hablaron de los detalles de su experiencia, podemos estar seguros de que ellos mismos fueron cambiados al ver a Jesús en esta nueva forma.

Cuando una experiencia increíble nos despierta a la gloria de Dios podemos encontrarnos queriendo quedarnos exactamente donde estamos. Como Pedro, podemos querer instalar una tienda de campaña. Pero nosotros, también, debemos seguir.

~~~~~

En el réquiem para el funeral de su esposa, Brian habló del deseo de instalar una casa de campaña. Amalour tenía una búsqueda interminable de mejorar. En su matrimonio – en sus vidas – ellos hacían el trabajo y llegarían a una meseta. Era una buena meseta, en la cual Brian estaba listo para instalar una casa de campaña y disfrutar de la vista. Y Amalour decía que no, todavía no llegamos. Podemos hacer mejor que esto. Hay más que ver, hay más que hacer. Otra vez, y otra vez, y otra vez en sus vidas, Amalour siempre estaba esforzándose por más… por algo mejor… en todas las formas que importaban.

~~~~~

Una experiencia puede bien cambiarnos, pero solo si estamos dispuestos a renunciar a instalar una casa de campaña. Debemos bajar de la montaña y hacer que suceda. Los cambios más efectivos que puedes hacer empiezan dentro de tu corazón. Al leer este libro, la esperanza es que integrarás nuevas ideas mientras creces en tu fe.

5. ¿Alguna vez has tenido el deseo de "montar una casa de campaña"? Explica.

6. A medida que miras hacia atrás en tu vida, ¿cuáles han sido los momentos de cambio más significativos? ¿Qué cambios has visto dentro de ti mismo? ¿Qué cambios te gustaría hacer?

Capítulo 2

(Re)Avivando nuestra pasión para Dios

▲

Una de las cosas más maravillosas que suceden en un retiro es cuanto se emociona la gente acerca de su fe. En una palabra, eso es evangelización.

1. Antes de seguir leyendo este capítulo, ¿Qué se te viene a la mente cuando escuchas la palabra "evangelización"?

Por mucho tiempo, cuando oía, "evangelización", fruncía mi nariz, pensando que significaba proselitismo. Conocía mi Iglesia, mi fe, mi Dios "me llamó" a hacer esta cosa llamada evangelización, pero para ser sincera, realmente prefería no hacerlo. El problema con este tipo de actitud es que los papas, empezando con el Papa Pablo VI, después San Juan Pablo II, después el Papa Benedicto XVI, y ahora el Papa Francisco siguen escribiendo y predicando "la nueva evangelización". No solo era que esta cosa de la "evangelización" no iba a desaparecer, cada uno de estos papas siguen renovando nuestro llamado a hacerlo.[1]

Como resultado, mi entendimiento de *evangelización* estaba incorrecto – muy incorrecto – bueno, solo algo incorrecto.

---

[1] La continuidad en el llamado por la evangelización vale la pena notar. El Papa Pablo VI escribió *Evangelii Nuntiandi* (Evangelización en el Mundo Moderno) en 1975, el cual fue el primer documento de la Iglesia dedicado completamente al tema de la evangelización. San Juan Pablo II renovó ese llamado a través de su pontificado, particularmente en *Redemptoris Missio* (La Misión del Redentor), 1990, en el que él aludió a lo que se le llama la "nueva generación", pero no usó esa frase. El Papa Benedicto XVI se refirió explícitamente a la "nueva generación" en una homilía del 2010 y estableció el Concilio Pontífice para la Promoción de la Nueva Evangelización en el mismo año. El Papa Francisco se enfocó en la evangelización en su primera Exhortación Apostólica *Evangelii Gaudium* (El gozo en el evangelio) en el 2013. Para más información sobre esta continuidad y el llamado a la evangelización, visita la pagina en inglés de United States Catholic Bishops http://www.usccb.org/beliefs-and-teachings/how-we-teach/new-evangelization/disciples-called-to-witness/index.cfm.

Antecedentes

Vamos a comenzar con un mejor entendimiento de la evangelización; una definición que honra a la intención, estilo y practica de los apóstoles. ***La Evangelización se refiere a encender el deseo ardiente por Dios en nuestros corazones.***

2. ¿Qué enciende el deseo ardiente por Dios en tu corazón? ¿Qué te emociona y apasiona sobre tu fe?

Desde el comienzo, la evangelización se refería a traer las Buenas Nuevas del Evangelio a cada esquina de la tierra. El llamado a hacer esto está en la escritura (al final del Evangelio de Mateo), y lo conocemos como "Jesús Envía a sus Apóstoles".

> Por su parte, los Once discípulos partieron para Galilea, al monte que Jesús les había indicado. Cuando vieron a Jesús, se postraron ante él, aunque algunos todavía dudaban. Jesús se acerco y les hablo así: "Me ha sido dada toda autoridad en el Cielo y en la tierra. Vayan, pues, y hagan que todos los pueblos sean mis discípulos. Bautícenlos en el Nombre del Padre y del Hijo y del Espíritu Santo, y enséñenles a cumplir todo lo que yo les he encomendado a ustedes. Yo estoy con ustedes todos los días hasta el fin de la historia". (Mateo 28:16-20)

Históricamente, hemos limitado nuestro entendimiento por la evangelización para el trabajo misionero de traer las Buenas Nuevas a la gente que nunca antes las ha escuchado. Lo cual, en sí mismo, está bien (si aquellos que están evangelizando están compartiendo *lo que* Jesús enseñó, *como* lo enseñó: con amor, y sin forzarlo.

Sin embargo, la evangelización nunca fue designada a ser enérgica, negativa, practica crítica de proselitismo. Porque, como ya debes saber, así no fue como Jesús hizo las cosas.

La Evangelización se trata de encender la llama ardiente por Dios en nuestros corazones. El proselitismo se enfoca en la experiencia superficial de lograr que alguien esté de acuerdo contigo en religión, creencia u opinión de esta. No estamos llamados al proselitismo. Estamos llamados a evangelizar.

Entendimiento Renovado

Al haber renovado nuestro entendimiento por lo *que es* la evangelización–encender la llama por Dios en nuestros corazones–la Iglesia también ha renovado su entendimiento sobre la necesidad de evangelizar a diferente gente con diferentes necesidades de "encendimiento".

Hay tres diferentes grupos con necesidad de evangelización:[2]

- **Nunca antes** – aquellos que nunca antes han escuchando las Buenas Nuevas.

- **Una vez más** – aquellos que son constantes, fieles comprometidos que tienen la necesidad de reavivar su pasión por Dios. Para muchos, el fuego está ahí, pero se debilita. Para otros, es menos que fuego y más que una llama.

- **Esta vez con sentimiento** – aquellos que (por cualquier razón) han dejado la Iglesia y están "buscando" algo… están considerando regresar… no están seguros… y tienen la necesidad de reavivar esa pasión, como también la necesidad de dirección, educación, sanación, etc.

3. Cada uno de nosotros caemos dentro de este rango de "necesidades de reavivar". ¿En cuáles de estas categorías—nunca antes, una vez más, esta vez con sentimiento—te colocarías a ti mismo? Explica.

El Ciclo Circular

La misión de la Iglesia es evangelizar (a los tres grupos). Hay dos cosas importantes que hay que tomar en cuenta en esta declaración.

Primero, "la Iglesia" no es un edificio ni una organización; no son "ellos". *Nosotros* somos la iglesia. *Nosotros* somos el Cuerpo de Cristo. Así que esta misión de evangelizar es *nuestra* misión. *Nosotros* estamos llamados a evangelizar.

---

[2] En *Evangelli Nuntiandi,* el Papa Pablo VI identificó a dos grupos en necesidad de evangelización: *ad gentes* (Latín para "para el mundo") así como a aquellos que están bautizados pero ya no practican su fe. Los "tres grupos distintos" son referenciados en *Redemptoris Missio,* 33 así como en el *Directorio Nacional para la Catequesis,* 58. La frase "la nueva evangelización" se refiere especialmente a salir a buscar a la gente del tercer grupo. Deseo reconocer a dos de mis profesores de mis estudios de posgrado durante 2001-2002 en Boston College por las etiquetas de "nunca antes, una vez más, y esta vez con sentimiento": Michael Horan y Jane Regan.

Segundo, la mejor parte de la misión de evangelizar es que prácticamente es un ciclo circular. Cuando reavivas tu propia pasión por Dios, existe una tendencia de contagiar a otros.

Piensa en los que acaban de asistir a un retiro. Lo más probable es que la experiencia del retiro fue muy evangelizadora. Cuando regresan a casa, están llenos del Espíritu Santo, y hay una gran posibilidad que no puedan evitar compartir su júbilo. Al hacer esto, pasan de ser evangelizados (por otros miembros de la Iglesia) a evangelizar otros. Este es el hermoso diseño circular de la evangelización.

Lo que más me gusta de este entendimiento renovado de la evangelización es que hay *muchas, muchas* maneras de evangelizar.

Empieza contigo mismo. Pregúntate a ti mismo: **¿Qué aviva mi pasión por Dios?** Y después, (suponiendo que es vivificante y amoroso) haz eso. Aquí hay una lista de ideas (asegúrate de revisar el boletín de tu parroquia por oportunidades específicas):

- Servir (visitar al enfermo o al anciano, ayudar a los indigentes, construir casas en "Habitat for Humanity")
- Participar en la Santa Misa (cantar, leer, servir, orar, adorar)
- Aprender sobre tu fe - averigua de clases o estudios de libros en los que puedas participar
- Pasar tiempo intencionado con tus amigos, familia, hijos, hermanos y padres. Nutrir relaciones.
- Hacer lo que Dios te llama a hacer - eso que llena tu corazón - y alabar a Dios por la alegría
- Asistir (o estar en el equipo) de un retiro
- Pasar tiempo con la naturaleza, agradeciendo a Dios por el regalo de la Creación

Cuando cuidas el fuego de tu propio Corazón, tu pasión por Dios se derrama hacia los corazones de los demás. Una de las maneras más importantes es siendo *testigos sin palabra* de la fe Cristiana para la gente con la que convivamos a diario.[3]

---

[3] La expresión popular "Predica el Evangelio todo el tiempo, usa palabras si es necesario" es extensamente atribuido a San Francisco de Asís, pero de hecho él nunca lo dijo. En su lugar, yo uso la frase *testigo sin palabras* porque fue usado por el Papa Pablo VI en *Evangelli Nuntiandi*. En el párrafo 21, el Papa Pablo VI habla sobre la importancia de ser un testigo de la fe cristiana por el testimonio de nuestra vida. "La Buena Nueva debe de ser proclamada por el testimonio. Toma un Cristiano o varios de ellos, que en el medio de su comunidad, demuestren su capacidad de entendimiento y aceptación, su compartir de vida y destino con otra gente, su solidaridad con los esfuerzos de todos por lo que sea que es noble y bueno. Vamos a suponer que, además, irradian en conjunto de una forma simple y sincera su fe en valores que van más allá de los valores actuales, y su esperanza en algo que no se puede ver y que uno no se atrevería a imaginar. A

Por supuesto, evangelizar también incluye voluntad de hablar sobre tu fe con otros. Como San Pedro dijo,

> …estén siempre dispuestos para dar una respuesta a quien les pida cuenta de su esperanza, pero háganlo con sencillez y deferencia, sabiendo que tienen la conciencia limpia. (1 Pedro 3:15)

Muchos de nosotros vacilamos antes la idea de evangelizar con palabras por miedo al proselitismo. Sin embargo, a menudo esto es simplemente cuestión de responder a las preguntas de alguien lo mejor que podamos.

~~~~~

Hace unos días estaba cuidando a la hija de ocho años de edad, de una amiga mía después de la fiesta de Primera Comunión de mi hijo, y me hizo algunas preguntas de la importancia de la ocasión. Ella sabía que era especial—había una celebración de por medio—pero dudaba qué era exactamente, especialmente porque su familia no era Católica. Mi respuesta fue corta, apropiada para su edad y respetuosa.

"En la Biblia, leemos que Jesús se dio a sí mismo a través de pan y vino. En nuestra iglesia, cuando compartimos pan y vino, creemos que realmente, en verdad estamos recibiendo a Jesús".

"Así que Alex es lo que estaba haciendo por primera vez. ¡Guau! ¿Es algo que yo puedo hacer?"

"Bueno, es algo que nos tomamos muy en serio, por lo que Alex ha estado tomando clases este año para aprender realmente lo que es la Eucaristía—que es lo que llamamos comunión. Pero si, si te gustaría, tu también lo podrías hacer".

~~~~~

Estas son el tipo de conversaciones con las que estamos más propensos a tener a lo largo de nuestra vida cotidiana; conversaciones casuales que explican suave y reverentemente la razón de nuestra esperanza.

4. ¿Qué tipo de preguntas acerca de tu fe te han preguntado? ¿Cómo las has contestado?

---

través de este testimonio sin palabras estos cristianos remueven preguntas irresistibles en los corazones de los que ven cómo viven: ¿Por qué se comportan así? ¿Por qué viven de esta forma? ¿Qué o quién es el que los inspira? ¿Por qué están en medio de nosotros? Tal testigo ya es una proclamación silenciosa de la Buena Nueva de una forma muy poderosa y efectiva… Todos los cristianos están llamados a este testimonio, y de esta manera pueden ser evangelizadores reales."

5. ¿Qué haces actualmente para participar en la misión evangelizadora de la Iglesia? (Recuerda que quiere decir ambas: ¿Cómo reavivas tu propia pasión por Dios y cómo de que manera la estás difundiendo a otros?)

6. ¿Hay algo más que sientas que Dios te está pidiendo hacer para participar en la misión evangelizadora de la Iglesia? ¿Cuáles son los pasos que tomarás?

Capítulo 3

Confundiendo perfeccionismo espiritual con discipulado

1. Si hubiera una cosa que pudieras (mágicamente y sin esfuerzo) cambiar de ti mismo, ¿Qué sería?

   Sígueme la corriente: piensa en una cosa. Tal vez es...
   - desarrollar un habito virtuosos (y eliminar los no saludables)
   - abordar una característica física (en el ámbito de la imagen del cuerpo o alguna habilidad)
   - adquirir un talento deseado

2. Siéntate con tu respuesta. ¿Qué dice de ti mismo? ¿es simplemente por diversión? ¿tiene algo que ver con algo que estas luchando? ¿Cómo se relaciona con tus metas personales? ¿tus esperanzas? ¿tus sueños? Lo más importante: ¿Qué te dice acerca de donde estas en el espectro entre el amor propio y el aborrecimiento propio?

En el camino de la vida de crecimiento y cambio, usualmente hay *alguna cosa* u otra en las que estemos trabajando para mejorar. Esto es bueno. Después de todo, somos cristianos en el camino del discipulado.

¿Qué significa discipulado? Cristianos contemporáneos tienden a usar los términos de "apóstol" y "discípulo" intercambiablemente, pero hay una diferencia importante. Los "doce" (mas San Pablo) eran apóstoles que fueron llamados por Jesús. Pero muchos más—hombres y mujeres—sintieron el llamado a seguirlo. Escucharon. Aprendieron. Cambiaron sus caminos en la vida por él. Estos seguidores no eran solamente creyentes, eran discípulos. Estos discípulos estaban informados, formados y transformados por Jesús. Los creyentes aceptan intelectualmente lo que Jesús enseñó. Los discípulos toman su mensaje de corazón y sus vidas son transformadas.

Regresando a *esa cosa* en la que estamos trabajando en mejorar como cristianos en el camino al discipulado, estamos llamados a la "conversión"; a alejarse del pecado y ser fieles al Evangelio. Sin embargo, hay una preocupación legítima de nuestro bienestar espiritual en la forma en que nos tratamos a nosotros mismos en el proceso.

Eres un hijo de Dios, creado a la imagen y semejanza de Dios.

> Dijo Dios: "Hagamos al hombre a nuestra imagen y semejanza. Que tenga autoridad sobre los peces del mar y sobre las aves del cielo, sobre los animales del campo, las fieras salvajes y los reptiles que se arrastran por el suelo. Y creo Dios al hombre a su imagen. (Génesis 1:26-27)

La tradición Católica llama a este sentido dinámico de valor *dignidad de la persona humana;* respeto por la dignidad humana está en la raíz del amor propio saludable, y es la base de la moralidad y la justicia social (CIC 1700-1715). Un amor propio saludable aprecia la bondad que está presente en cada persona.

3. Cuando se trata de las cosas que quieres cambiar en ti mismo, ¿honras la imagen de Dios? ¿Te tratas a ti mismo con el amor y respeto que se merece la imagen de Dios?

Hace varios años, empecé a pintar como pasatiempo. Al principio estaba muy intimidada por la permanencia de la pintura sobre el lienzo, hasta que una amiga me dijo sencillamente: si no te gusta algo, solo puedes *pintar sobre ello.*

¡Que alivio! Esta revelación me permitió experimentar sin vacilar. Tenía oportunidades infinitas. Si algo no se veía bien, podía intentar de nuevo, y de nuevo y de nuevo hasta que me gustara. A veces eso quiere decir comenzar de nuevo. A veces significa pintar sobre la mancha que no se ve bien. Me quitó la presión de sentir que tenía que planear todo perfectamente antes de siquiera haber empezado. O sentir que lo había arruinado por un pequeño (o gran) error.

¡Que maravilloso enfoque para la vida entera! *Si no te gusta algo, simplemente vuelve a pintar sobre ello.* Al mirar alrededor de mi casa, mis relaciones, mi trabajo, mi propio interior, esta idea se convirtió en una de *transformación*. No lo tires, no lo escondas debajo de la alfombra y lo ignores. Si no me gustaba algo, lo podía *transformar*. La idea misma de transformación cultiva esperanza.

En la fe, esta es la transformación que está vinculada al perdón. La palabra griega para lo que sucede en la transformación durante el proceso de perdón es *metanoia*. La traducción literal es "cambio de corazón". *Metanoia* se refiere a una conversión donde la persona se aleja de lo que es destructivo, dañino, aborrecible y en su lugar se vuelve hacia Dios.

Volverse hacia Dios implica:
- perdonarse a uno mismo y transformar el carácter propio.
- perdonar a otros, buscar el perdón de otros, y transformar relaciones.
- buscar el perdón de Dios y transformarse—una persona cambiada.

Puesto de otra manera, *metanoia* se trata de
- llegar a ser más (y más y más) una buena persona.
- hacer lo correcto
- actuar con amor
- ayudar a otros

4. Viendo tu propia vida, ¿qué es lo que te gustaría "pintar de nuevo" y transformar?

Muy a menudo, sin embargo, podemos ser muy duros al juzgarnos nosotros mismos en una forma que ni ayuda ni es amorosa. Hay una línea muy fina entre *metas que motivan* y la expectativa de *nada menos que la perfección para apagar a una persona*.

5. ¿Tiendes a tener más "metas que motivan" o una expectativa de "nada menos que la perfección"? ¿Cómo te impacta en tu camino espiritual?

La Necesidad de la perfección

Hay dos veces que la palabra "perfecto" aparece en el Evangelio, las dos en el Evangelio según San Mateo. La primera en Mateo 5:48, el cual es la parte del sermón en el monte en el cual Jesús habla sobre *Amar a los enemigos*.

> Ustedes han oído que se dijo: "Amarás a tu prójimo y no harás amistad con tu enemigo." Pero yo les digo: Amen a sus enemigos y recen por sus perseguidores, para que así sean hijos de su Padre que está en los Cielos. Porque él hace brillar su sol sobre malos y buenos, y envía la lluvia sobre justos y pecadores. Si ustedes aman solamente a quienes los aman, ¿qué mérito tiene? También los cobradores de impuestos lo hacen. Y si saludan solo a sus amigos, ¿qué tiene de especial? También los paganos se comportan así. Por su parte, sean ustedes perfectos como es perfecto el Padre de ustedes que está en el Cielo. (Mateo 5:43-48)

La segunda aparece en Mateo 19:21 con la parábola de *El Joven Rico*.

> Un hombre joven se le acerco y le dijo: "Maestro ¿qué es lo que debo de hacer para conseguir la vida eterna?" Jesús contestó: "¿Por qué me preguntas sobre lo que es bueno? Uno solo es el Bueno. Pero si quieres entrar en la vida, cumple los mandamientos." El joven dijo: "¿Cuáles?" Jesús respondió: "No matar, no cometer adulterio, no hurtar, no levantar falso testimonio, honrar al padre y la madre y amar al prójimo como a sí mismo." El joven le dijo: "Todo esto lo he guardado, ¿qué más me falta?" Jesús le dijo: "Si quieres ser perfecto, vende todo lo que posees y reparte el dinero entre los pobres, para que tengas un tesoro en el Cielo. Después ven y sígueme." Cuando el joven oyó esta respuesta, se marchó triste, porque era un gran terrateniente. (Mateo 19:16-22)

Si deseas ser perfecto…

En realidad, siempre hay espacio para mejorar. Si pensamos que ya hemos terminado con el crecimiento personal/espiritual (como si dijéramos: "*Ya he llegado*"), somos recordados que nuestro trabajo nunca está terminado. Es entonces cuando Jesús nos dirá, *si desean ser perfectos…*

Son los extremos del todo o nada que son inútiles. Poco serviciales. Paralizadores. De ninguna manera Jesús insinúa que esta interpretación rígida de la perfección es lo que debemos aspirar.

Crecimiento—cambio—es un proceso. *Metanoia* es "*darse la vuelta*" de algo (de perdición) y dirigirse hacia Dios (que es plenitud, vida y verdad).

6. Piensa en el automejoramiento o "áreas de crecimiento" en las que estás trabajando en tu vida. ¿Te tratas a ti mismo con amor en el proceso de "darte la vuelta"? ¿O eres excesivamente crítico y detestable sobre las fallas percibidas?

Para superar mi propia lucha con el perfeccionismo, me pareció útil redefinir "perfecto" como *funcionar a mi mejor capacidad*. Para mí implica ser lo mejor y hacer lo mejor que pueda en el momento presente, mientras veo cual es el siguiente paso para mejorar.

El "siguiente paso" es un concepto importante en superar el perfeccionismo paralizador, porque reconoce la cabida entre la "realidad del ahora" y el "ideal" o "meta". Y para que pueda *funcionar*, el "siguiente paso" debe ser realista. Pequeño. Realizable. Y después que cada paso sea cumplido, celebrar el triunfo. E ir construyendo sobre ella. Porque *eso* es perfecto.

7. ¿De qué manera te ha costado trabajo luchar con el perfeccionismo? ¿Qué triunfos has tenido con verdadera conversión o metanoia?

8. ¿Cuáles son los "siguientes pasos" a los que sientes el llamado a hacer en tu camino de discipulado?

Capítulo 4

Cielo, infierno, purgatorio y juicio

Cuando era niña, me fascinaba totalmente la película de Disney de los 1960's *Pollyanna* con Hayley Mills. Hay algo de la esperanza y gozo que esta niña trajo a la vida de muchos que habló a mi corazón. Una de las partes del guión que se me quedó tenía que ver con el mensaje de la Escritura sobre las partes de "alegría" y "tristeza".

Pollyanna inocente y gentilmente le menciona al reverendo—que sus sermones semanales habían estado llenos de fuego y azufre—cómo su padre había observado más de 800 versos de la biblia en los cuales Dios nos dice que nos regocijemos o que seamos felices. Si el Señor se tomó la molestia de decirnos 800 veces que quiere que nos alegremos, entonces El debe de hablar en serio.

Hoy en día, decirle a alguien que se está portando como Pollyanna, quiere decir que está siendo ingenuamente optimista. Pero creo que ella se traía algo entre manos. Un enfoque excesivo en los mensajes de fuego y azufre de la biblia si daña, espantando la fe de la gente con un miedo paralizador a Dios y a la amenaza del infierno. Muchos se quedaron pensando: *Si Dios es todo amor y perdón, ¿cómo puede haber alguien en el infierno?*

1. ¿Cómo es que tu propio entendimiento del cielo, infierno y juicio impacta tu fe? ¿te inspira o te llena de miedo? ¿te brinda esperanza o te deja con preguntas?

2. Cuando se refiere al tema del cielo, infierno, y juicio, ¿qué es lo que te preguntas?

Imaginería

La mayoría de la gente entiende el cielo, el infierno y el juicio en una versión de caricatura de la siguiente forma:

> Después de la muerte, nos imaginamos de pie ante las puertas del cielo. San Pedro ve el gran libro en su podio. Todo lo bueno y todo lo malo que hemos hecho se pesa en una escala cósmica; dependiendo a donde se incline la balanza determina nuestro destino. Si se inclina la balanza al lado "bueno", entonces las puertas del cielo se abren, coros de ángeles cantan, y entramos al cielo. Si la balanza se inclina al lado "malo", entonces la trampilla debajo de nuestros pies se abre y caemos a las fosas de fuego del infierno.

Esta simple imaginería puede que sirva para tiras cómicas, pero esta es una teología malísima y todos lo saben. ¿Entonces por qué es tan penetrante? Desde la perspectiva de la educación religiosa, estas imágenes son fáciles de visualizar, por lo que atrae nuestra *imaginación religiosa*, aunque no sea saludable. Esta frase "imaginación religiosa" se refiere a lo que imaginamos cuando visualizamos algo sacro; nos ayuda a entender mas allá de lo que podemos expresar (o entender) con palabras. Nuestra fe se enriquece cuando la esencia de las enseñanzas de la Iglesia es capaz de abrirse paso a formar sentido de nuestra imaginación religiosa.

Así que antes de explorar el lenguaje de buena teología, considera cambiar tu imaginación religiosa a una imagen sana:

> Al momento de la muerte, imagina que caminar a un cine IMAX equipado con un gran asiento en el centro de la sala. ¿Quién está sentado en este asiento? Nadie más que el Todopoderoso y siempre amoroso Dios. Tú te sientas al lado de su Divina Presencia, y Dios pone su Divino brazo alrededor de ti. Las luces se apagan, y al instante que la película comienza, inmediatamente reconoces que es la historia de tu vida. Mientras corre, notas que por cada cosa buena que hiciste, Dios aprieta tu brazo y de manera amorosa te susurra *¡Gracias!* Por todas las cosas dañinas o hirientes que dijiste o hiciste… todas las veces que debiste hacer algo no las hiciste… notas que una lágrima recorre Su Divino rostro. Te das cuenta que tus pensamientos, palabras, acciones, u omisiones han *lastimado a Dios*. Tu. Has. Herido. A Dios. Observa cómo te sientes al saber esto.

> Mientras la película de tu vida sigue, también te das cuenta que cualquier vez que expresaste sincero remordimiento por—las veces que has buscado perdón en el Sacramento de la Reconciliación—o aparecen en la película, como si Dios no necesitara repetirlos.

La película termina, las luces se encienden, Dios te voltea a ver y te das cuenta que ahora te encuentras con una opción.

- Miras en los ojos amorosos de Dios, tomas responsabilidad, te disculpas, y buscas perdón… a lo cual Dios contesta, *'Hijo, tu ya estas perdonado. ¡Bienvenido a casa!*

- O te puedes negar a aceptar La Verdad sobre lo que has hecho de tu vida. Puedes rehusarte, poner escusas y justificar tu comportamiento. Puedes simplemente ponerte de pie e irte, elegir creer tu propia versión de las cosas, siendo indiferente a Dios. En efecto, puedes rechazar a Dios, y al hacer esto, escoges el infierno.

3. ¿Qué es lo que más resalta de esta imagen? ¿Qué encuentras útil? ¿Qué preguntas se te vienen a la mente?

Cielo

Dios desea el cielo para nosotros. Dios *quiere* que escojamos el cielo. En vez de pensar sobre el cielo como si fuera un área de diversión en las nubes, piensa en el cielo como *el estar total y completamente en la presencia de Dios*. Unidos con Dios en el cielo es el cumplimiento de todo anhelo, de nuestros más profundos deseos. Esta es la *visión beatífica*: ver el rostro de Dios. ¡Esto *es* la felicidad del cielo! ¡Una fiesta de bodas! (Ver CIC, 1023-2019).

Pero Dios es Dios. Y la Verdad es Verdad. Y debemos elegir: La Verdad de Dios o nuestra propia versión de la verdad. Como decía C.S. Lewis en *The Great Divorce* (*El gran divorcio*):

> Hay solo dos tipos de personas, a fin de cuentas. Están quienes le dicen a Dios "Que se haga tu voluntad", y están aquellos a quienes Dios les dice, finalmente: "Que se haga la tuya".[4]

Infierno

Es rechazando a Dios y la Verdad de Dios que una persona elige el infierno. Si el cielo es la total y completa presencia de Dios, el infierno es la completa aislación de Dios

---

[4] C.S. Lewis. *The Great Divorce (El gran divorcio).* (Compañía publicitaria Macmillan), 1946, 72.

(Ver CIC 1033-1037). No tenemos idea de lo que es completa aislación de Dios. Nuestras vidas son infundidas con la presencia de Dios. La gracia del Espíritu Santo satura tanto nuestras vidas que ni siquiera tenemos un concepto de lo que realmente significa *completo aislamiento de Dios.*

> Y los arrojarán en el horno ardiente. Allí no habrá más que llanto y rechinar de dientes. (Mateo 13:42)

Las imágenes del cielo y del infierno en la Escritura reflejan los métodos antiguos Israelitas de mencionar ideas relacionadas, que no eran necesariamente descripciones literales. Piensa en la imagen de "un horno de fuego".

~~~~~

¿Alguna vez has te has quemado gravemente-físicamente? Mi hermana sí. Se pasó dos semanas en una unidad pediátrica del centro de quemaduras de New Jersey cuando tenía 10 años. Cada día pacientes con quemaduras necesitaban pasar tiempo en el 'tank room' (habitación de tanque) donde tallaban la piel viva en sus quemaduras para prevenir infecciones; es más doloroso de lo que la mayoría de nosotros podemos imaginar. Un horno de fuego donde la ropa se funde en la piel y tiene que ser tallado… Así se siente el aislamiento de Dios.

~~~~~

Purgatorio

¿Qué pasa si eres el tipo de persona que necesita tiempo para procesar las verdades difíciles que padeciste? Quieres tomar responsabilidad, solo necesitas tiempo y términos con las cosas. Aquí es donde entra el purgatorio. El purgatorio *no* es un castigo enfático (ver CIC, 1031), sino más bien lo que la Tradición de la Iglesia llama un tiempo de purificación.

Para usar algunos términos del vocabulario tradicional, la explicación has el momento ha descrito lo que la Tradición de la Iglesia se refiera a "el juicio particular", o cuando cada persona individualmente es juzgada a la hora de la muerte (CIC, 1021); su alma inmortal irá ya sea al cielo, infierno o purgatorio (CIC, 1022). Por último, llegará un momento en que todas las decisiones que se hagan… el proceso de purificación tendrá que terminar en algún punto; el purgatorio no es una opción eterna. Esto es lo que conocemos como "el Juicio Final".- La segunda venida en el final de los tiempos (CIC 1038-1041).[5]

---

[5] El término teológico para esta área de estudio es "escatología" lo que significa literalmente el estudio de las "últimas" cosas. Además del juicio, cielo, infierno y purgatorio, la escatología también incluye temas

4. ¿Cómo respondes cuando alguien te hace frente con una verdad dura?

5. ¿Qué conocimiento puedes tomar de las enseñanzas de la Iglesia sobre el cielo, infierno y purgatorio en tu propia vida? ¿Hay algo que te hable al corazón? ¿Ha cambiado en algo tu entendimiento?

6. ¿Hay algo que sientas que eres llamado a hacer diferente? ¿Cuáles son los siguientes pasos que tomarás?

---

como la resurrección del cuerpo, la venida de Jesús en el último día, etc. Una discusión sobre escatología incita generalmente dos preguntas relacionadas, las dos tienen que ver con las enseñanzas de la Iglesia sobre la salvación (o quien será salvo). La primera se refiere al entendimiento de que la *salvación es a través de Cristo solamente* – un entendimiento que viene de la Escritura. "Camino, la Verdad y la Vida. Nadie va al Padre sino es por mí. (Juan 14:6). La segunda se refiere a una enseñanza que remonta al siglo 3ro: *Fuera de la Iglesia no hay salvación* (CIC, 846). Ambas de estas enseñanzas nos impulsa a preguntar: ¿quiere decir que los que no son cristianos van a ir al infierno? En dos palabras, la respuesta es: no exactamente. En el Concilio Vaticano Segundo (1962-1965), la Iglesia clarificó explícitamente la enseñanza sobre esto. El *Catecismo de la Iglesia Católica* hace referencia a *Lumen Gentium* (Constitución dogmática sobre la Iglesia) ya que explica: "Los que sin culpa suya no conocen el Evangelio de Cristo y si Iglesia, pero buscan a Dios con sincero corazón e intentan en su vida, con la ayuda de la gracia, hacer la voluntad de Dios, conocida a través de lo que les dice su conciencia, pueden conseguir la salvación eterna." (CIC, 847; *LG* 16). Puede que no necesariamente entendamos *como* los no cristianos sean salvados a través de Cristo, pero ciertamente creemos que su salvación es posible.

Capítulo 5

¿Qué es exactamente la virtud de la fe?

Conocí a Peter a través de una amiga de una amiga en una fiesta, antes de ir a ver algunas bandas tocar en un festival de música. Me atrajeron tres de sus encantos; era guapo, inteligente y divertido. Mientras nos fuimos conociendo, me sorprendí a descubrir que un mes antes de conocernos, él había corrido un maratón y había completado una carrera en bicicleta de 50 millas, y estaba a punto de participar en un triatlón. Tenía una complexión de hombre promedio-un poco de barriga-y no parecía nada atlético; no pude imaginarlo haciendo esas cosas.

Mas que mis inútiles ideas preconcebidas de como un atleta se ve, había llegado a la conclusión que los resultados finales de todos sus esfuerzos eran imposibles; no había forma que yo pudiera correr un maratón de 26.2 millas, ni mucho menos participar en un triatlón: nadar ½ milla, correr 12 millas en bicicleta y después correr a pie 3 millas. Simplemente no.

Yo veía al atletismo como "tener y no tener" (y yo era "no tener"). Como un interruptor de luz: estaba encendido o apagado, pero no en el medio.

Pero Peter no veía lo que yo veía. El vio un horario de entrenamiento. Vio pasos diarios en un camino. Vio mejorar el progreso gradual hasta que podía terminar algo increíble con confianza. Las formas que tenía Peter de ver las cosas me inspiraron. Era un muchacho regular que compitió en un maratón y un triatlón; si el pudo yo también. Y lo hice.

El siguiente año, completé mi primer triatlón de Danskin- una series de mujeres que cultivaba un ambiente de ánimo. La natación estuvo bien, pero aunque nado bien, no estaba lo suficientemente preparada para que me lastimaran en la cara 15 pares de pies que iban frente a mí. Al final del camino de 12 millas en bicicleta, me topé con lo que sentí que era la colina más grande que había visto. Todavía no llevaba ni la mitad, y ya quería bajarme y caminar hasta la cima. Pero en frente de mi había dos mujeres subidas de peso de media edad, pedaleando muy lentamente y animando a cada persona alrededor de ellas. No solamente no se estaban dando por vencidas, pero tampoco dejaban que nadie lo hiciera. "¡Tú puedes muchacha! ¡Ya lo lograste!" Una vez que sus palabras de apoyo y de amor me llegaron, confirmé mi decisión de seguir pedaleando. Me salieron lágrimas y les grite a las mujeres "¡Ustedes dos son increíbles! ¡Gracias! ¡¡USTEDES PUEDEN!! Y estaba decidida, terminar el ciclismo y luego correr.

La parte de atrás de la medalla que cada mujer recibe en la meta, resume mi experiencia con esta profunda verdad: "La mujer que empezó la carrera no es la misma mujer que la terminó".

~~~~~

1. ¿Cuáles son algunas áreas en tu vida en las que puedas tener nociones preconcebidas inútiles?

Virtud

Nociones preconcebidas pueden ser inútiles y dañinas en el mundo de la educación religiosa, particularmente la mentalidad *tener y no-tener* cuando se refiere al tema del la virtud. Si buscas la definición de virtud, verás porque mucha gente se refiere a esta como un interruptor de luz, esta prendido o apagado. El diccionario inglés *"The Merriam Webster Dictionary"* define a la virtud como "característica o comportamiento de buena moral".[6]

El problema es que esto conduce a una lógica predominante, sin embargo defectuosa:

Virtud significa conducta de buena moral.
No siempre me comporto moralmente.
Por lo tanto, no soy virtuoso.

No quiere decir que las personas de Merriam Webster tengan la definición *incorrecta*, sino que pienso que hay una forma más útil de pensar sobre la virtud: **La virtud es un buen hábito que podemos perfeccionar.**

En lugar de pensar en la virtud como *tener y no-tener*, trata de pensar que la virtud es como un músculo que se fortalece (o debilita). Desarrollar una virtud es como entrenar para una carrera; se trata de practicar estos hábitos con el tiempo. Cuando queremos formar un buen hábito (o deshacernos de uno malo) tomamos pasos progresivos hacia el objetivo.

Cuando piensas en una virtud, imagina una gradación o gráfica continua de débil a fuerte. Mira un horario de entrenamiento. Ve pasos diarios a través del camino. Mira como se forman progresos graduales hasta que te sientas seguro de completar algo increíble. Piensa en los santos y las vidas de personas que te inspira. [Imágen 1]

---

[6] http://www.merriam-webster.com/dictionary/virtue visitada el 20 de mayo, 2014.

2. Recuerdas alguna vez que estabas haciendo un cambio—tratando de mejorar algo. ¿Qué te ayudó a practicar buenos hábitos? ¿Cómo superaste los malos hábitos?

La virtud de la fe

Tradicionalmente, una plática sobre la virtud toca las cuatro virtudes cardinales (prudencia, justicia, fortaleza y templanza) y las tres virtudes teologales (fe, esperanza y amor). De estas siete virtudes, la fe es la que parece ser la que la gente tiene más nociones preconcebidas.

> Ustedes han sido salvados por la fe, y lo han sido por gracia. Esto no vino de ustedes, sino que es un don de Dios. (Efesios 2:8)

A menudo nuestro mal entendimiento se deriva de la idea que la fe es un *don*, y reforzamos una actitud de *tener y no-tener* o *un interruptor de luz*. Pensamos erróneamente que *algunos tienen este don; otros no*.

Si, la fe es un don. Dios nos invita a conocerlo, amarlo y servirle. El don es la *invitación*. Practicando la virtud de la fe es nuestra respuesta.

> La fe es como aferrarse a lo que se espera, es la certeza de cosas que no se pueden ver (Hebreos 11:1)

La virtud de la fe tiene que ver con el fortalecimiento de tres áreas:
1) Creer: entender y asentir intelectualmente lo que creemos.
2) Espiritualidad: la confianza emocional en la relación con Dios
3) Discipulado: vivir la fe en la vida, siguiendo con acciones morales y un compromiso de justicia.

A veces estas tres dimensiones son referidas como cabeza (creer), corazón (espiritualidad), y manos (discipulado). [Imagen 2]

Una persona puede ser fuerte o débil en cualquiera de estas tres áreas. Desarrollar la virtud de la fe significa que estamos llamados a trabajar en fortalecer cada una de estas tres áreas en nuestras vidas.

~~~~~

Becca siempre ha pensado sobre la fe en términos de creencia. Cuando tenía 16 años de edad, estaba en un punto de su vida donde no sabía que creer, así que sentía que no tenía fe. Sus amigos la describían como honesta, trabajadora y llena de integridad…amable, cariñosa y comprometida con la justicia social. Su comportamiento correspondía a la voluntad de Dios aun cuando luchaba con su creencia espiritual. Nunca consideró que sus acciones fueran una forma de expresar y experimentar su fe. Pensar sobre la virtud de esta manera, le permitió ver que lo que hacía, en realidad, tenía fe. Era un punto de partida. Al darse cuenta de esto, le permitió abrir su posibilidad a crecer en otras áreas, y finalmente la llevó a sanar su relación con Dios.

~~~~~

3. Considera tu propia práctica de la virtud de la fe. Por cada una de las tres dimensiones, ¿en qué lugar de la gráfica de débil a fuerte te colocas a ti mismo? Asegúrate de identificar tus fortalezas para que veas como ya estas practicando la virtud de la fe.

4. ¿Qué es algo en lo que podrías trabajar para fortalecer cada área de fe?

Capítulo 6

De la muerte a una vida nueva

⟁

Los católicos usan muchas palabras y frases que no siempre nos detenemos a desempacar y explicar. Una de estas es "el Misterio Pascual". Estoy muy segura que cuando era niña me resigné a no entender que era lo que quería decir ya que como decía, es un misterio.

El Misterio Pascual se refiere a la pasión de Jesús (sufrimiento), Muerte, Resurrección y Ascensión (al cielo). La esencia misma de la fe Cristiana gira en torno al hecho que el sufrimiento y muerte de Jesús no fue el final de la historia. Sino más bien, de su muerte, viene vida nueva en la Resurrección.

> En verdad les digo: Si el grano de trigo no cae en tierra y muere, queda solo; pero si muere, da mucho fruto. (Juan 12:24)

La muerte no es el final. Es un misterio porque no entendemos como sucede. Pero sucede. Y en este misterio encontramos nuestra salvación: de muerte a nueva vida.

Por otra parte, no es algo que simplemente le ocurrió a Jesús. El poder transformador de Jesús en el Misterio Pascual toma lugar en nuestras vidas a diario. Experimentamos nuestros propios ciclos de "de-muerte-a-nueva-vida" cada vez que nos recuperamos de quebramientos.

A veces la experiencia de "la muerte" es literalmente la pérdida de algún ser querido. Otras veces es el final de alguna amistad, la pérdida de un trabajo, o mudarse, lo que nos aleja de nuestra comunidad que queremos. El "final" puede incluir el rompimiento de alguna relación especial o un divorcio. A veces es el final de una esperanza o sueño. Otras veces es el final de un capítulo en la vida.

El sufrimiento y muerte—ese dolor—es real. Acuérdate de *La Agonía en el Huerto*. Mientras Jesús oraba en el huerto de Getsemaní, dijo a sus discípulos, "Siento una tristeza de muerte" (Mateo 26:37).[7] ¿Cuántas veces hemos sentido ese dolor?

Pero el sufrimiento y muerte del Viernes de Dolores no fue el final. La muerte no ganó. No. A través del poder transformador de Dios, la alegría del Domingo de Pascua nos trae vida nueva en la Resurrección. Nadie se sorprendió con este gozo que los apóstoles. ¡No se lo esperaban!

¿Qué tan seguido experimentamos gozo imprevisto en la estela de nuestro quebrantamiento?

~~~~~

DJ había estado saliendo con su novia por seis años cuando terminaron. Aunque sus peleas se habían vuelto frecuentes, siempre pensó que se iban a reconciliar. Como consecuencia del rompimiento, DJ se deprimió. No podía superar la devastación. Cuando llamó a su hermana, no estaba buscando por consejo sino más bien a alguien que le escuchara.

Ella recuerda con compasión su propia experiencia. "Cuando yo estuve en su lugar, sabía que era difícil que yo quisiera hacer algo, así veía muchos programas de televisión sin sentido-cualquier película que pasaba en Lifetime o TBS-y solo me hacían sentir peor... me hacían sentir aun mas perdedora."

DJ murmuró, "Reemplaza Lifetime con Judge Judy [La Juez Judy], pero sí, ahí es donde me encuentro".

Ella continuo, "Definitivamente me tomó tiempo superarlo, pero dos cosas que realmente me ayudaron fue tener a un buen mentor con el cual hablar y llenar todo ese tiempo "de mas" que hubiera pasado con mi ex novio haciendo algo productivo, como ser voluntaria. Pronto, estaba tan ocupada que ni tenía tiempo para estar triste, y me ayudó a sentirme bien con lo que estaba haciendo-aunque no me sintiera bien conmigo misma. No es una solución para siempre, pero fue un siguiente paso muy útil para mí".

DJ había visto un letrero solicitando voluntarios de bomberos. El había estado vacilando, pero la conversación con su hermana le dio el impulso que necesitaba; después de todo, sentía que no tenía nada más que perder. Después de que su solicitud fue aceptada y empezó el entrenamiento, descubrió que no solo era bueno, pero que le gustaba ser bombero. Pronto, el capitán animó a DJ a asistir a la Academia de Bomberos, y en

---

[7] Esta referencia de Mateo 26:37 (y Marco 14:34) proviene de Good News Translation (traducción de la Buena Nueva) (antes llamado "Good News Bible" o "Today's English Version"). Esta traducción fue publicada por primera vez en 1976 por American Bible Society (La Sociedad de la Biblia Americana) como un "lenguaje común" bíblico. En Misa dominical [en inglés], leemos de New American Bible Revised Edition (NABRE) (La Nueva Biblia Americana, Edición Revisada). En esta traducción, esta misma línea de la Escritura lee, "Mi alma esta triste hasta la muerte".

los siguientes años pasó de ser voluntario a un empleado con sueldo, bombero profesional y EMT. De quebranto y desesperación pasó a esperanza, pasión y propósito.

~~~~~

Cada uno de nosotros tenemos nuestra historia de "de-muerte-a-vida-nueva". Cada vez que vemos transformación en nuestras vidas, nos volvemos conscientes de cómo el Misterio Pascual vive en cada uno de nosotros.

1. ¿Cuáles son algunas de tu propias experiencias de muerte-a-vida-nueva? ¿Cómo vive el Misterio Pascual en tí?

Nota que este ciclo de muerte-a-vida-nueva no es algo que nos suceda una vez. Es parte de nuestras vidas diarias. Claro que tenemos nuestras grandes historias trascendentales de dolor, sufrimiento y del poder transformador de Dios en nuestras vidas. Pero en cualquier momento dado, en cada aspecto de nuestra vida diaria, podemos identificarnos con alguna parte del Misterio Pascual. De hecho, puede que las distintas áreas de tu vida en diferentes etapas del ciclo de "de-muerte-a-vida-nueva".

Cuando el P. Ronald Rolheiser, OMI habla sobre la Espiritualidad del Misterio Pascual en *The Holy Longing, (El Santo Anhelo)* ofrece pensamientos adicionales sobre el proceso dejar ir. El se refiere a los 40 días entre la Resurrección en el Domingo de Pascua y la Asunción de Jesús a los cielos, como un tiempo de transición. La vida ha empezado, pero aún tenemos que dejar ir la vida vieja. Dejar ir es la Ascensión al cielo – no aferrarse más al pasado, sino ofreciéndolo a Dios. Y finalmente, en Pentecostés, el Espíritu Santo desciende sobre nosotros y abrazamos completamente la vida nueva.[8]

- El sufrimiento y muerte en la Pasión del Viernes Santo
- La acogida de la vida nueva en la Resurrección del Domingo de Pascua.
- Transformar de lamentar lo viejo a ajustarse a lo nuevo en los Cuarenta Días
- Dejar ir lo viejo en la Ascensión

---

[8] Para mas sobre este tema, lee el Capítulo 7 de *The Holy Longing: The Search for a Christian Espirituality* (The Doubleday Religious Publishing Group), por el P. Ronald Rolheiser, OMI, en el cual explica la Espiritualidad del Misterio Pascual como un ciclo:
1. Viernes santo ... "pérdida de la vida—muerte real"
2. Domingo de Pascua ... "La recepción de nueva vida"
3. Los 40 días ... "tiempo de reajuste a lo Nuevo y de lamento por lo antiguo"
4. Ascensión... "dejar ir lo pasado y aceptar sus bendiciones. Negarse a estancarse"
5. Pentecostés ... "la aceptación del espíritu nuevo para la vida nueva que uno ya está viviendo"

- Vivir la vida nueva en Pentecostés

A veces luchamos con el ciclo en sí. Nos atoramos en el Viernes Santo. O quizá estamos atorados en los 40 Días, nunca llegando a dejar el doloroso pasado atrás y vivir la Ascensión. Algunos ya no están sufriendo en la Pasión del Viernes Santo, pero aun no experimentan la vida nueva en la Resurrección… más bien, están a la mitad, esperando… parecido al Sábado Santo.

Si estas atorado-o conoces a alguien que lo esté-considera ir a revisión en caso de depresión. Los sacerdotes parroquianos, y el personal de las parroquias te pueden ayudar con el lado espiritual de estar atorados, y también pueden recomendarte consejeros a los cuales asistir si hay desafíos muy serios a causa de la depresión.

Una espiritualidad del Misterio Pascual reconoce la presencia de Dios a lo largo del ciclo de muerte-a-vida-nueva. Cuando estamos en Viernes Santo, una espiritualidad del Misterio Pascual permite gritar las palabras del Salmo 22:2 – las mismas palabras que Jesús dijo en la Cruz – "Dios mío, Dios mío, ¿por qué me abandonaste?" Con la espiritualidad del Misterio Pascual, tenemos esperanza para la vida nueva en la Resurrección. Encontramos aliento al saber que Jesús les dio tiempo a sus discípulos para estar de luto y adaptarse antes de la Ascensión. La espiritualidad del Misterio Pascual confía que el Espíritu Santo trabajará a través de nosotros cuando Pentecostés venga.

2. ¿En qué parte del Misterio Pascual te encuentras ahora mismo? ¿Están las diferentes áreas de tu vida en diferentes momentos en el ciclo? Explica.

3. ¿Luchas con quedarte estancado en alguna parte del ciclo del Misterio Pascual?

4. ¿Cómo puedes practicar un Misterio Pascual espiritual en tu propia vida? ¿Qué pasos darás?

Capítulo 7

Se trata de relación, no de reglas

Una noche durante la cena, les dije a mis hijos que estaba esperando dar una conferencia en la Iglesia sobre moralidad. Mi niño de 6 años preguntó: "Mami, que es mou-li-ti?"

Pensaba que estaba preparada para empezar con mi explicación que *la mayoría de nosotros supone que la moralidad es un conjunto de reglas, y no es así… se trata de relación*, en ese momento fui retada a describir de una forma exacta y breve en la que mis niños de 6 y 7 años y medio pudieran entender. "La moralidad se trata de lo que es correcto y lo que no, y porqué".

Sin perder un momento, me dijo: "¡Hay, mami! "¡Pelo si me enseñas a mi helmano y a mi tohos los días!"

Deseo que mis hijos sean buenas personas, así que sí, todos los días me preocupo por las decisiones que ellos toman y como desarrollan su carácter moral-ya sea mientras juegan con sus amigos, cumpliendo con las responsabilidades de la casa, trabajando en la escuela, o prestando atención a las necesidades del mundo que los rodea. La moralidad se refiere con lo que es correcto y lo que no, y porque, pero no se trata de reglas, se trata de relación.

Relaciones

La razón por la **CUAL** algo está bien o mal es porque tiene todo que ver con la relación.

1. Piensa en tres de tus amigos/as más cercanos/as. ¿Cuáles son algunas de las "reglas tácitas" que los amigos cercanos siguen para mantener una relación saludable? Haz una lista de estas guías de relación.

Mientras analizamos la idea de que las *relaciones* son la razón del **Porque** algo es considerando bueno o malo, tiene sentido que consideremos **Quien** está involucrado y **Porque**.

Quien: ¿Relación con quién? Desde la perspectiva de la Moralidad Cristiana, estamos hablando acerca de vivir una buena vida en la relación con Dios. Lo que hace algo moralmente correcto o incorrecto es *si fortalece o daña nuestra relación con Dios*. Cuando decimos que es un "pecado" es porque daña nuestra relación con Dios, *no* porque estamos "rompiendo las reglas".

Cómo: Entonces, ¿cómo fortalecemos nuestra relación con Dios? Al amar, honrar, y respetar a Dios y toda la creación de Dios. El principio general número uno que guía nuestro enfoque para estar en una *relación correcta* es un respeto por el valor y dignidad especial dentro de cada persona como hijo de Dios, creado a imagen y semejanza de Dios. La Enseñanza Social Católica se refiere a esto como **respeto a la dignidad humana**, que puede ser encontrada en las raíces de la Escritura en el libro de Génesis.

> Y creó Dios al hombre a su imagen. A imagen de Dios lo creó. Macho y hembra los creó. (Génesis 1:27)

Como cristianos, estamos llamados a respetar la dignidad humana con el cuidado y la preocupación de amor incondicional.

> Este es mi mandamiento: que se amen unos a otros como yo los he amado. (Juan 15:12)

Cuando juntamos el Quien y el Cómo de la moralidad, podemos ver que *vivir una buena vida en relación con Dios* tiene tres dimensiones:

1) **Interpersonal** - respetar la dignidad humana de otros, que se demuestra por *cómo nos tratamos el uno al* otro.
2) **Personal** – respetar nuestra propia dignidad humana, que se demuestra por *cómo desarrollamos nuestra calidad de carácter interno*.
3) **Transcendental** – respetar a Dios, que se demuestra al *practicar la virtud de la fe*.

Los Mandamientos, Bienaventuranzas y Virtudes ayudan a profundizar el **Qué** de la enseñanza moral Católica con mas detalles específicos, pero si no empezamos con el entendimiento de estar en una relación correcta con uno mismo, los demás y que Dios nos creó y nos ama, entonces nuestro enfoque hacia la moralidad *será* limitado a simplemente "seguir las reglas".

2. ¿Qué actitudes o suposiciones haces en una plática sobre moralidad? ¿Qué actitudes o suposiciones traes a la discusión de moralidad? ¿Son útiles o te limitan?

3. Piensa en tu relación contigo mismo/a, con otros, y con Dios. ¿en qué maneras ves *amor* y *respetas la dignidad humana* dirigiendo tu comportamiento en aquellas relaciones? ¿Dónde tienes éxito en la práctica de este "respeto"? ¿Dónde te cuesta más trabajo? ¿hay alguna área en la que sientas el llamado a trabajar para mejorar?

Capítulo 8

Querer vs. amar

※

[Este capítulo contiene la palabra "amar" en sentido común como se usan en inglés. En español, la palabra "amar" se usa más bien para la gente, y se usa las palabras querer o gustar para las cosas. Como este libro es traducido de inglés al español, estamos usando las palabras de la autora:]

Me crié en un hogar donde decíamos mucho "te amo". Era una declaración de apreciación. ("¡Gracias, mami! ¡Te Amo!"), una despedida ("¡Adiós, te amo!"), una parte de la rutina de noche desde la niñez hasta que éramos adultos, ("¡Buenas noches, te amo!), así como una expresión sentimental ("¡Feliz cumpleaños, te amo!").

~~~~~

A menudo les digo "¡Te amo¡" a mi esposo, hijos, hermanos, papás y amigos. Lo digo con sinceridad. Hay un color verde-lima que amo. Amo el vino tinto y el chocolate oscuro. Amo el tocino. Amo mi Vita-Mix, mi iPhone, y la manera en que mi lavadora y secadora hacen un sonido de música cuando han terminado un ciclo (en vez de un zumbido). Amo la ciudad de Austin.

~~~~~

Una de mis amigas más cercanas recientemente falleció de cáncer de mama. Después de que oímos el diagnóstico—incluso antes de empezar la quimioterapia—todas las mujeres a las que ella llamaba su "villa" de apoyo, nos juntamos para hacerle un edredón que tenía el mensaje de amor en cada sección (para que se pudiera cubrir con nuestro amor cuando lo necesitara). Mientras ella recibía tratamientos y un sinnúmero de citas, nosotras cocinábamos, cuidábamos a sus hijos, hacíamos recaudación de fondos, rezábamos y abríamos nuestros corazones para hacer lo que pudiéramos…hasta con su funeral…hasta después de su funeral con su esposo y sus tres hermosos hijos.

~~~~~

Recuerdo una vez cuando mi hijo de 3 años y medio se puso enfermo durante la madrugada. El se acercó a mi cama con la voz más triste y angustiosa y dijo "Mami, tuve un accidente y está en todos lados". Sin vacilar, me paré de la cama y lo consolé. En una fracción de segundo de la escena, llamé a mi esposo para que cuidara a nuestro hijo mientras yo limpiaba el accidente. El accidente en si era muy desagradable, pero lo tratamos con muchísimo amor.

~~~~~

¿Qué es amor?

Con todas las diferentes maneras en que usamos la palabra "amor", es buena idea tomar un momento para reflexionar en lo que realmente queremos decir. Soy la primera en aceptar mi flojera cuando se trata de diferenciar entre querer y amar. Mi amor por lugares y cosas se trata realmente sobre disfrutar, y a veces ese gozo es bastante intenso.

En inglés, se tiene una sola palabra para amor, que incluye todo. En griego, hay cuatro diferentes palabras. Aprecio la visión que C.S. Lewis da en *The Four Loves* (Los cuatro amores) que define y describe cada uno con su relación con los otros.

1) *Storge* – basado en un cariño natural o afección que se debe en gran parte a la familiaridad. Muy a menudo este es el tipo de amor que encontramos en las familias, entre padres e hijos, hermanos, o primos – la gente con las que estamos por casualidad. La expresión "la sangre es más espesa que el agua" refleja nuestro amor storg

2) *Philia* – [la raíz de la palabra "Filadelfia"] amor de verdadera amistad, incluye igualdad, respeto y los lazos de intereses y actividades compartidas.

3) *Eros* – [la raíz de la palabra "erótico"] se refiere al amor apasionado. Este es sin duda el amor íntimo del romance, pero no es necesariamente sexual. Eros refleja el amor pasional que toca las profundidades de nuestra alma con emoción, energía, y belleza.

4) *Ágape* – es la entrega incondicional de uno mismo-desinteresadamente-por el bien del otro.

Mientras aprendemos de los diferentes tipos de amor, no debemos sentir la necesidad de categorizar una relación o incluso una experiencia exclusivamente en una de las cuatro clases de amor. A menudo hay más de una.

~~~~~

Me siento muy afortunada al tener los cuatro tipos de amor hacia mi marido. Cuando salíamos en citas, nuestra amistad creció mientras descubríamos nuestros mutuos gustos por música en vivo y diversión al aire libre. El respeto mutuo que le siguió nos ofreció una gran base para el amor philia, el cual cultivábamos con tiempo de calidad. Con el paso del tiempo desarrollamos eros, con una conexión apasionada y energética que alimenta mi espíritu. Bromeo que su "cariño" por su lado 'nerd' siendo un ingeniero aeroespacial es "storge" (afección natural)—eso y que me he acostumbrado a que siempre está cerca, pero en verdad, el afecto y fidelidad que tengo por él están basados en compromiso. Y sin duda practicamos ágape mutuamente, con nuestros hijos, y con el mundo alrededor de nosotros.

~~~~~

Todo el amor es bueno, no necesitamos categorizar los cuatro amores como si uno fuera inferior y el otro superior. Lo que debemos hacer, sin embargo, es prestar atención a las diferencias. ¿Por qué? Así como podemos meternos en problemas al confundir *amor* con *querer o gustar*, las cosas se pueden desviar cuando confundimos *philia* con *ágape* (pensar que tenemos que ser amigos con todos).

En la fe, estamos llamados a "Ustedes deben amarse unos a los otros como yo los he amado" (Juan13:34). Pero Jesús no nos está llamando a practicar *eros, storge* o *philia*. Jesús nos ama con *ágape* y nos llama a practicar *ágape* (cuidado incondicional y la preocupación por el bienestar por el otro) con los que encontremos.[9] *Ágape* es la virtud teológica de la cual San Pablo habla en su Primera Carta a los Corintios. Reconocerla como una virtud, significa que *ágape* es el tipo de amor que podemos elegir para practicar y mejorarlo en la práctica.

1. ¿A quién amamos? Has una lista rápida de cinco personas. Mientras piensas *a quienes* amas, también considera *cómo* los amas. Indica que amor practicas con cada persona.

2. Describe alguna vez en la que practicaste ágape con alguien con el que no eras amigo. ¿Cómo es que te ayuda esta reflexión a ver cómo puedes practicar ágape con alguien con el que te cuesta trabajo?

---

[9] Recuerda el intercambio entre Pedro y Jesús de "¿Me amas? después de la Resurrección (Juan 21:15-19). Sabemos que éste triple intercambio contrarresta la triple negación de Pedro después del arresto de Jesús. Interesantemente hay una distinción en el uso de la palabra griega para amor, la cual nos brinda un entendimiento adicional. Las dos primeras veces Jesús le preguntó a Pedro, "¿Tú me *ágape*? Y Pedro respondió, "Si, Señor, yo te *philia*". La tercera vez, Jesús cambia sus palabras: "¿Tú me *philia*?" y Pedro responde lo mismo, "Yo te *philia*", Jesús nos pide amor ágape, sin embargo Él nos encuentra en el punto que estemos y acepta cualquier tipo de amor que seamos capaces de dar.

3. ¿Cuál de los cuatro amores encuentras en abundancia en tu vida? ¿Cuál piensas que es el que te llama a que lo cultives mas y por qué?

4. Elije una situación (en casa, trabajo, amistades, comunidad, etc.) que se beneficiaría con más de tu amor ágape. ¿Qué harías para que esto pasara?

Capítulo 9

Llamado por Dios

▲

Antes de formarte en el seno de tu madre, ya te conocía (Jeremías 1:5)

Dios te creo. Eres un hijo de Dios, creado a la imagen y semejanza de Dios. Has heredado el valor de hijo de Dios. Fr. Richard, OFM explica la profundidad de lo que significa la dignidad humana:

> Eres hijo o hija del Dios bueno y amoroso. Su Imagen Divina esta plantada en ti íntimamente y de nacimiento. No lo puedes crear, no lo puedes fabricar, no lo puedes merecer, no lo puedes lograr, no lo puedes alcanzar, no puedes trabajar de forma acumulativa hacia ella. ¿Sabes por qué? Porque ya lo tienes. Esto es el centro del Evangelio.[10]

1. Los capítulos anteriores se han referido a la importancia de respetar la dignidad humana. ¿Qué tan bien practicas el respeto por *tu propia* dignidad humana?

Respetar tu propia dignidad humana significa tener un amor propio saludable: reconocer tus propios dones, talentos, y bondad como creación de Dios. Un amor propio saludable no tiene nada que ver con la jactancia o un auto-orgullo arrogante. Al contrario. Más bien, es reconocer y creer en la verdad y la bondad de la creación de Dios.

Para alguno de nosotros, el amor propio es difícil. Tal vez por como fuimos tratados por nuestra propia familia en nuestros años de formación… Tal vez es por un

---

[10] De la meditación diaria de Richard Rohr el 14 de abril, 2014, "Transformative Dying: Collapsing into the Larger Life" (Muerte transformadora: Colapsando en la vida más amplia) disponible [en inglés] a través de su Centro por Acción y Contemplación (cac.org). Adaptado de *Dying: We Need It for Life*. http://myemail.constantcontact.com/Richard-Rohr-s-Meditation--Collapsing-into-the-Larger-Life.html?soid=1103098668616&aid=SZvXjpOEWkU visitada el 23 de abril, 2014.

trauma de la niñez… Tal vez porque creemos las mentiras de insuficiencia que los medios de comunicación nos dicen con consistencia descarada (para que estemos convencidos de comprar cualquier producto que necesitemos para hacernos ver y sentir mejor…)

¿Quién te ha hecho ver que estabas desnudo? (Génesis 3:11)

Sea cual sea la razón puede que luchemos con el amor propio y el respetar nuestra propia dignidad humana, es importante que entendamos que ese sentido de la vergüenza, insuficiencia, y odio a uno mismo, no es de Dios.

Por otra parte, es importante que trabajemos en sanar esta debilidad espiritual, como una cuestión de fe. Mientras nuestro entendimiento de la moralidad y el llamado a la justicia social se desglosan del respeto a la dignidad humana de otros, nuestro entendimiento de *vocación* y *llamado* vienen de respetar nuestra dignidad humana.

La vocación se refiere al sentido de ser llamado de Dios para hacer algo. ¿A qué estamos llamados? En la fe, entendemos que todos nosotros—la raza humana—estamos llamados a la santidad, lo que significa simplemente ser apartados y dedicados a Dios. La Santidad no se trata de ser perfectos, más bien dedicados a buscar a Dios. El capítulo 3 hace referencia que esta *búsqueda* es mas sobre el proceso de conversión que de un perfeccionismo espiritual.

Estamos llamados a vivir nuestras vidas ya sea de casados, solteros o religiosos. En la Iglesia, a menudo rezamos por un *aumento en las vocaciones al sacerdocio*, pero muchos no nos damos cuenta que estamos rezando para que cada persona escuche el llamado de Dios dentro de sí. Dios *te está llamando* a vivir ya sea como persona casada, persona soltera, o en vida religiosa (como sacerdote, hermano, hermana, monje o monja). Una de esas maneras de vida es como podrás vivir de mejor manera tu llamado a la santidad.

> Hay diferentes dones espirituales, pero el Espíritu es el mismo. Hay diversos ministerios, pero el Señor es el mismo. Hay diversidad de obras, pero es el mismo Dios quién obra todo en todos. (1 Corintios 12:4-7)

Además de estar llamado a una forma de vida, estás llamado a usar tu conjunto de dones y talentos. Este sentido de llamado vocacional con frecuencia nos lleva a un cierto camino de carrera o profesión, pero la vocación no es lo mismo que un trabajo. Mientras que algunos puede que sientan el llamado a una carrera en educación o medicina, otros viven su vacación sirviendo a Dios siendo amas de casa o siendo voluntarios. Algunas veces podemos ganarnos la vida al hacer algo por lo que estamos apasionados, otras veces puede que trabajemos por estabilidad financiera y pasar nuestro tiempo "libre" haciendo algo que alegre a nuestros corazones.

~~~~~

Mary estaba estudiando para bailarina en la universidad. Le encantaba bailar y era buena. Pero no fue hasta que empezó a enseñar que encontró su pasión. Fue difícil ganar dinero como maestra de baile, particularmente porque sintió el llamado a abrir su propio estudio y trabajar más de cerca con sus bailarines. Sin embargo, Mary descubrió que trabajando medio tiempo para una farmacia le daba la seguridad financiera que ella añoraba. Ganaban todos.

~~~~~

Estamos llamados a conocer, amar y servir a Dios al usar nuestros dones y talentos. En la sabiduría infinita de Dios, esto sucede cuando hacemos lo que más nos apasiona.

2. ¿Qué sentido de vocación tienes? ¿Qué dones y talentos tienes? ¿Qué es lo que te apasiona?

3. Comenta alguna vez que utilizaste tus dones y talentos para hacer algo que te apasiona. ¿Qué de esta experiencia te enseña sobre Dios? ¿Y qué te enseña acerca de gozo?

Cada uno de nosotros hemos sido dados un juego único de dones y talentos para usar en nuestra vida—con las gente con la que convivimos, en los roles que tenemos. A menudo nos sentimos tentados a dudar o menospreciar nuestros dones y talentos porque conocemos a alguien que es mejor en *esto y aquello* o porque estamos conscientes de nuestras limitaciones. Escucha a Jesús enfatizar la importancia de usar nuestros talentos que Dios nos ha dado en la Parábola de los Talentos.

Escuchen también esto. Un hombre estaba a punto de partir a tierras lejanas, y reunió a sus servidores para confiarles todas sus pertenencias. Al primero le dio cinco talentos de oro, a otro le dio dos, y al tercero solamente uno, a cada cual según su capacidad. Después se marchó. El que recibió cinco talentos negoció en seguida el dinero y ganó otros cinco. El que recibió dos hizo otro tanto, y ganó otros dos. Pero el que recibió uno cavó un hoyo en la tierra y escondió el dinero de su patrón. Después de mucho tiempo vino el señor de esos servidores y les pidió cuentas. El que había recibido cinco talentos le presentó otros cinco más, diciéndole:

"Señor, tú me entregaste cinco talentos, pero aquí están otros cinco más que gané con ellos." El patrón le contestó: "Muy bien, servidor bueno y honrado; ya que has sido fiel en lo poco, yo te voy a confiar mucho mas. Ven a compartir la alegría de tu patrón." Vino después el que recibió dos, y dijo: "Señor, tú me entregaste dos talentos, pero aquí tienes otros dos más que gané con ellos." El patrón le dijo: "Muy bien, servidor bueno y honrado; ya que has sido fiel en lo poco, yo te confiaré mucho mas. Ven a compartir la alegría de tu patrón." Por último vino el que había recibido un solo talento y dijo: "Señor, yo sabía que eres un hombre exigente, que cosechas donde no has sembrado y recoges donde no has invertido. Por eso tuve miedo y escondí en la tierra tu dinero. Aquí tienes lo que es tuyo." Pero su patrón le contestó: "¡Servidor malo y perezoso! Si sabías que cosecho donde no he sembrado y recojo donde no he invertido, debías haber colocado mi dinero en el banco. A mi regreso yo lo habría recuperado con lo intereses. Quítenle, pues, el talento y entréguenselo al que tiene diez. Porque al que produce se le dará y tendrá en abundancia, pero al que no produce se le quitará hasta lo que tiene. Y a ese servidor inútil, échenlo a la obscuridad de afuera: allí será el llorar y el rechinar de dientes." (Mateo 25:14-30)

Se espera que demos lo mejor de nosotros con lo que hemos recibido en la circunstancia en la que nos encontremos. No todos recibimos los mismos dones. No se espera que todos "demos" los mismos frutos. Sino mas bien, demos nuestro mejor esfuerzo con lo que se nos ha dado.

Cuando estás tentado a permitir que el estar consciente de tus imperfecciones y limitaciones se conviertan en un obstáculo para seguir tu pasión y usar tus dones y talentos, puedes saber que estas en buena compañía. A través de la Escritura, Dios nos da un ejemplo tras otro de cómo él trabaja, con, y a través de nuestras imperfecciones, como Moisés, los profetas, los discípulos, y San Pablo, por mencionar solo algunos.

4. En cuanto se refiere a dones, talentos y pasiones, ¿con qué obstáculos estas luchando?

5. ¿Qué percepción obtienes en tu propia vida de esta reflexión? ¿Hay algo a lo que te sientes "llamado" a hacer? ¿Qué pasos tomarás?

Capítulo 10

La oración como conversación

La oración es como nos comunicamos con Dios. Es una conversación sagrada: Dios inicia el diálogo con nosotros y la oración es nuestra respuesta. La definición tradicional de oración es "la elevación del alama a Dios" (CIC, 2559). La oración es la esencia de "una relación viviente y personal con Dios vivo y verdadero." (CIC 2558).

"Para mí, la *oración* es un impulso del Corazón, una sencilla mirada lanzada hacia el cielo, un grito de agradecimiento y de amor tanto desde dentro de la prueba como desde dentro de la alegría.". —Sta. Teresa del Niño Jesús.

1. ¿Para ti qué es la oración? ¿Cómo describirías lo que es la oración?

2. ¿De dónde sacaste tu entendimiento de lo que es la oración? ¿De qué manera, tu entendimiento por lo que es la oración, te ayuda (o dificulta) tu relación con Dios?

La tradición Católica identifica cuatro tipos de oración: petición, bendición y adoración, intercesión, y alabanza. Probablemente estamos más familiarizados con la petición, en la cual pedimos a Dios por lo que necesitamos. Oraciones de alabanza, usualmente le sigue cuando hemos recibido lo que pedíamos. Sin embargo, este tipo de oración va mucho más profundamente. La Misa es la última oración de alabanza, en la cual damos gracias por todas las cosas que Dios nos da: la vida, la fe, la redención, del uno por el otro, por esta tierra. Oraciones de alabanza, o adoración, verdaderamente reconoce la majestad de Dios. A menudo hacemos esto más de una manera meditativa o contemplativa que a través de las palabras. En oraciones de contrición, reconocemos nuestros fracasos y expresamos nuestro dolor por nuestros pecados.

3. Piensa en tu propia manera de practicar la oración. ¿Qué tipos de oración son los que más practicas?

La comunicación implica las dos, hablar y escuchar. A veces, en nuestra vida de oración puede que haya más de hablar y falta de escuchar. La tradición católica no solo ofrece una rica variedad de oraciones y devociones, también tenemos bastantes recursos para ayudar con la meditación y la contemplación.

Durante la contemplación, nos enfocamos en algo, como en un pasaje de la Escritura o en las palabras de un santo o persona santa. Con la intercesión, abrimos nuestros corazones y mentes para recibir a Dios. A la mayoría de nosotros se nos dificulta apagar los sonidos de nuestras mentes, así que la práctica de contemplación nos trae a un lugar donde realmente nos podemos abrir para contemplar.

Lectio Divina, es latín para "lectura divina" o "lectura santa". Es una práctica Católica antigua de leer y orar con la Escritura que puede ser practicada en grupos o individualmente. Para practicar *Lectio Divina*, comienza por elegir un pasaje de la Escritura, muchos usan la lectura del día, otros deciden leer lentamente un libro de la Biblia. Siéntete libre de elegir cualquier pasaje. Acomódate en un lugar tranquilo, como en los peldaños de una escalera, y trabaja a través de estas cuatro etapas, leyendo o volviendo a leer el pasaje, con interludios de silencio entre cada vez.

1) *lectio* – LEE el pasaje lenta y efectivamente (varias veces) hasta que lo entiendas.
2) *meditatio* – REFLEXIONA en una palabra o frase, meditando en ella, memorizándola y repitiéndola para ti mismo.
3) *oratio* – RESPONDE al permitir que la meditación te guie en una conversación orante con Dios, dejando ir tus pensamientos y abriendo tu corazón para que escuche.
4) *contemplatio* – DESCANSA en la presencia de Dios… la Palabra de Dios… el abrazo de Dios…te abre a la contemplación.[11]

Por ejemplo, si eligieras el Salmo 46:10 "Estad quietos, y saber que yo soy Dios" puede que al principio leas y repitas cada línea varias veces. Mientras reflexionas, puede que acortes el Salmo a una sola palabra o frase que resalte mas para ti: "estad quietos y saber que yo…" "Estad quietos y saber…" "Estad quietos"… "Estad". Meditando en esa palabra que te lleva a un lugar de reposo y finalmente a descanso.

La oración puede ocurrir en cualquier lugar, a cualquier hora. Otra práctica de oración es reflejar en tu vida, invitando a Dios que te hable a través de tu reflexión. Ya sea que esto suceda en la Iglesia en adoración, en tu silla favorita de tu sala, mientras viajas, o en la bañera, la oración sucede cuando nos comunicamos con Dios.

Además de pedir la bendición de Dios en las comidas, mi esposo y yo hemos empezado a practicar con nuestros niños una conversación orante a la hora de la cena, que incorpora este tipo de reflexión llamada "La Rosa", la cual es una vaga adaptación al examen de San Ignacio de Loyola.[12] En la mesa de la comida, una persona es el guía al ser el primero en compartir su "rosa", y después invita a los demás a seguir su ejemplo. La reflexión continúa con el "capullo", "espina" y "raíz" de cada persona.

---

[11]Para más información acerca de *lectio Divina*, visite la página web de la Orden de los Carmelitas http://ocarm.org/es/lectiomobile o en Inglés http://ocarm.org/en/content/lectio/what-lectio-divina (Página visitada el 27 de mayo, 2014).

[12]Créditos para Heidi Clark y Sara Fontana de St. Paul the Apostle Catholic Church en Houston, Texas; por haberme enseñado 'La Rosa'. El portal web 'The Ignatian Spirituality' ('La Espiritualidad Ignaciana') provee una perspectiva de éste examen. El Examen Diario, es una técnica de oración que consiste en reflexionar sobre los acontecimientos del día para así detectar o reconocer la presencia de Dios, y discernir sus directivas para nosotros. El Examen es una práctica ancestral de la Iglesia que puede ayudarnos a ver la mano de Dios en acción sobre nuestra experiencia en plenitud. El método presentado a continuación es una adaptación de la técnica descrita por Ignacio de Loyola en sus ejercicios espirituales.
1. Darse cuenta de la presencia de Dios.
2. Revisión del día con gratitud.
3. Prestarle atención a las emociones.
4. Elegir una característica o hecho del día y orar por ella.
5. Mirar hacia el futuro por venir.

Página visitada el 28 de mayo, 2014http://www.ignatianespirituality.com/ignatian-prayer/the-examen/.

- Rosa – las partes del día por las que estas agradecido.
- Capullo – algo por lo que esperas en los siguientes días o semanas.
- Espina – una parte difícil de tu día (*que quizá pidas la ayuda de Dios*)
- Raíz – algo que anhelas y por lo cual estas rezando.

Concluimos nuestra conversación de la cena diciendo *"Gracias por nuestra rosa, bendice nuestro capullo, escucha nuestra raíz y ayúdanos con nuestra espina"*. Agradezco como la rosa ofrece una estructura para compartir el día de los niños y adultos-entre ellos mismos y con Dios-mientras fomenta suavemente reflexión y gratitud.

4. ¿Qué prácticas de oración has encontrado más útiles? ¿Por qué?

5. ¿Qué práctica de oración que leíste o aprendiste te gustaría intentar?

Capítulo 11

Crisis espiritual

Todos pasamos por tiempos difíciles. Dolor y quebrantamiento se abren paso a la historia de todos.

Cuando el dolor y el sufrimiento llevan a una experiencia de conversión y una vida nueva en Cristo, casi nos resulta más fácil de hacernos la idea al sufrimiento… pero cuando pasamos por una obscuridad *después* o *a pesar* de hacer todo lo posible por vivir una vida de fe, puede ser difícil.

~~~~~

Mi etapa más oscura fue cuando tenía 24 años. A tan solo tres semanas antes de lo que sería mi primer aniversario de bodas, mi esposo nunca llegó a la casa una noche, lo que en si fue muy significativo, pero era una preocupación urgente porque teníamos planes de manejar a la casa de su hermana para una visita y quedarnos a dormir ahí. Al regresar a casi medianoche, hice una pequeña referencia y el respondió muy casual, revelando que él no quería estar casado, nunca había querido casarse, y pensó que deberíamos "terminar". No solamente estaba comprometida con mi fe Católica, pero tuve una conversación muy específica y profunda con este hombre durante nuestro compromiso de 17 meses sobre el Sacramento del Matrimonio, acerca del Convenio al cual estábamos entrando, y de como el divorcio no era una opción. No era para mí, de todos modos. Pensé que estaba en el camino correcto. Pensé que estaba haciendo lo correcto. ¿Cómo pudo Dios permitir que esto me sucediera?

~~~~~

Mientras todos experimentan dolor y sufrimiento, no necesariamente todos pasan por una crisis espiritual. Sin embargo, para aquellos que si, o aquellos que actualmente se encuentran en medio de una, puede ser inquietante.

1. ¿Has pasado alguna vez por una crisis espiritual? ¿Qué es lo que pasaba? ¿Por qué lo describirías como una crisis espiritual?

Si alguna vez *has* pasado a través de lo que la tradición Cristiana llama oscuridad del alma o "la noche oscura del alma" no temas; estas en buena compañía.

- **San Juan de la Cruz** se le da crédito por la expresión "la noche oscura del alma". En 1577, Juan fue secuestrado, encarcelado, y torturado por trabajar en la reforma de la Orden Carmelita. Mientras estaba en prisión, Juan escribió el poema *La noche oscura del alma*.
- **Santa Teresa de Ávila** fue una amiga cercana de San Juan de la Cruz. Después de sanar inesperadamente de una grave enfermedad y profesar una gran devoción a San José, Teresa empezó a tener profunda dificultad con oscuridad espiritual que paró de rezar por casi dos años.
- **C.S. Lewis** escribió acerca de su oscuridad en *A Grief Observed (Una pena en observación)*. Después de años de ser autor, teólogo, y experto en apologética cristiana, Lewis se casó con su amiga de varios años, Joy, quien murió de cáncer después de cuatro años de casados.
- **Madre Teresa** experimentó una oscuridad espiritual que duró por décadas, que comenzó poco después de haber fundado las Misioneras de la Caridad y empezó su trabajo con los pobres.[13]

"Si alguna vez me hago Santa- por seguro seré una de "la oscuridad". Continuamente estaré ausente del cielo-para alumbrar la luz de aquellos que están en la oscuridad en la tierra."–Madre Teresa de Calcuta

2. ¿El hecho de que los santos han luchado con la noche oscura del alma te da ánimos o te preocupa? ¿Por qué?

Poco después de escribir su poema, San Juan de la Cruz escapó de la cárcel y escribió un tratado sobre *La noche oscura del alma*, ofreciendo un comentario teológico estrofa por estrofa. Los pensamientos de San Juan en la experiencia de la noche oscura son dignos de mención.

La noche oscura no es un castigo, ni se refiere a una oscuridad de pecado o algo siniestro. Mas bien, como los santos también la han experimentado, es parte de un proceso-parte de la jornada a Dios.

Una de las características de la oscuridad es el sentimiento de vacío espiritual porque sea lo que sea que hacías para sentirte conectado a Dios, ya no funciona.

---

[13] El libro de la Madre Teresa *Come Be My Light: The Private Writings of the "Saint of Calcutta" (Ven, sé mi luz: Cartas privadas de "La Santa de Calcuta")* (Doubleday, 2007) da detalles de su vida interior a través de su diario privado. Publicado después de su muerte en 2005, es editado por Brian Kolodiejchuk.

La oración que solía ser de completa consolación y paz puede que ahora parezca vacía y seca. Adoración y otras actividades de la iglesia no son tan provechosas como solían ser. Es cada vez más difícil mantener prácticas diarias "activas" como la oración, meditación, mantener un diario o lectura espiritual. En general, uno se encuentra a uno mismo perdiendo interés en las cosas espirituales que solían ofrecer bastante gratificación. Incluso las imágenes de Dios en las que uno ha dependido pueden perder gradualmente su importancia.[14]

La oscuridad es agravada por el sentimiento de que debemos de estar haciendo algo mal, nos llenamos de dudas. No debe sorprendernos que la depresión a menudo venga con la oscuridad espiritual.

San Juan nos anima a ver que la noche oscura del alma es una oportunidad de hacer algo de limpieza espiritual. ¿Así que *la manera en la que habías pensado de Dios no te está funcionando*? Deja ir a ese pensamiento. Vacíate a ti mismo de todas las cosas a las que estas aferrado. Libérate del apego rígido que tienes a creencias, expectativas o sueños.

~~~~~

Jean había luchado con el dolor de la infertilidad. "Al crecer no tenía duda en mi mente de que todo lo que quería hacer era ser esposa y madre, y estaba completamente convencida de ser eso cuando fuera adulto. Amaba a los niños y ellos me amaban a mí. Iba a ser una madre perfecta. Mientras crecía y mis "Buenos prospectos para esposo" no se veían llegar, hasta empecé a pensar en convertirme en madre soltera. Después de besar demasiados 'sapos', por fin encontré a mi príncipe azul. A pesar de los años fugaces de la maternidad, todavía creía completamente que tendríamos una familia y no entré en pánico hasta después de un año completo de usar medicamentos para fertilizar, e inclusive fracasar con fertilización in vitro. La opción de adoptar no era una forma factible para nosotros. Tenía que enfrentar los hechos-nunca iba a convertirme en madre. El dolor de esta realidad y el vacío que había dejado en mi corazón nunca se iban a ir, pero he sido capaz de seguir adelante. Solía reclamar llorando de cómo Dios no era justo, pero simplemente no creía que Dios era esto. Creer en un Dios que era cruel y perverso era aún peor que el no poder tener bebes. Con esta mentalidad no tendría un lugar suave en el cual aterrizar. Simplemente no funcionaba, y tendría que encontrar otra salida para mis instintos 'maternales'. Y necesitaba no estar enojada con Dios, sino estar feliz por todas las demás cosas maravillosas en mi vida. Somos rápidos en culpar a Dios, pero no tan rápidos para apreciar y agradecer a El por nuestras bendiciones".

~~~~~

---

[14] Gerald G. May, *The Dark Night of the Soul: A Psychiatrist Explores the Connection Between Darkness and Spiritual Growth* (HarperCollins Publishers, 2004), página 88. En su libro, May describe los antecedentes de Teresa y John, viajes, experiencias y pensamientos con la noche oscura del alma.

Una oscuridad espiritual nos puede ayudar a entender que nosotros no estamos en control, especialmente cuando se trata de la gracia de Dios. Recuerda la parábola de Los trabajadores en la viña.

> Aprendan algo del Reino de los Cielos. Un propietario salió de madrugada a contratar trabajadores para su viña. Se puso de acuerdo con ellos para pagarles una moneda de plata al día, y los envió a su viña. Salió de nuevo hacia las nueve de la mañana, y al ver en la plaza a otros que estaban desocupados, les dijo: "Vayan ustedes también a mi viña y les pagaré lo que sea justo." Y fueron a trabajar. Salió otra vez al mediodía, y luego a las tres de la tarde, e hizo lo mismo. Ya era la última hora del día, la undécima, cuando salió otra vez y vio a otros que estaban allí parados. Les preguntó: "¿Por qué se han quedado todo el día sin hacer nada?" Contestaron ellos: "Porque nadie nos ha contratado." Y les dijo: "Vayan también ustedes a trabajar en mi viña." Al anochecer, dijo el dueño de la viña a su mayordomo: "Llama a los trabajadores y págales su jornal, empezando por los últimos y terminando con los primeros." Vinieron los que habían ido a trabajar a última hora, y cada uno recibió un denario (una moneda de plata). Cuando llegó el turno de los primeros, pensaron que iban a recibir más, pero también recibieron cada uno un denario. Por eso, mientras se les pagaba, protestaban contra el propietario. Decían: "Estos últimos apenas trabajaron una hora, y los consideras igual que a nosotros, que hemos aguantado el día entero y soportado lo más pesado del calor." El dueño contestó a uno de ellos: "Amigo, yo no he sido injusto contigo. ¿No acordamos en un denario al día? Toma lo que te corresponde y márchate. Yo quiero dar al último lo mismo que a ti. ¿No tengo derecho a llevar mis cosas de la manera que quiero? ¿O será porque soy generoso y tu envidioso? Así sucederá: los últimos serán los primeros y los primero serán los últimos." (Mateo 20:1-16)

Los trabajadores piensan que "merecen" algo más por sus esfuerzos, pero no es así como trabaja Dios. Nosotros no lo ganamos. El Reino de Dios se nos es ofrecido y ya sea que digamos que sí o no. Dios ama, ofrece, y perdona con generosidad. Este es el don de la gracia de Dios. Si te hayas a ti mismo luchando con esto, pregúntate: *¿Estoy siendo envidioso porque Dios es generoso?*

3. Cuando se trata de limpieza espiritual, ¿qué es lo que necesitas dejar ir?

Capítulo 12

El amor y el juicio de los demás

▲

¿Conoces la parábola del buen samaritano? Esta parábola nos llama a ayudar a los necesitados, pero en el final de la parábola, Jesús nos está diciendo mucho más.

Primero, el desarrollo. Había un maestro de la Ley probando a Jesús, preguntando qué es lo que tenía que hacer para ganar la vida eterna. Jesús sabe que este hombre conoce la respuesta, así que como buen maestro, le contesta con una pregunta, el maestro le responde con lo que conocemos como "El mandamiento mas grande".

> Un maestro de la Ley, que quería ponerlo a prueba, se levanto y le dijo: "Maestro, ¿qué debo de hacer para conseguir la vida eterna?" Jesús le dijo: "¿Qué está escrito en la Escritura? ¿Qué lees en ella?" El hombre contestó: Amarás al Señor tu Dios con todo tu Corazón, con toda tu alma, con todas tus fuerzas y con toda tu mente; y amarás a tu prójimo como a ti mismo."
> Jesús le dijo: "¡Excelente respuesta! Haz eso y vivirás." (Lucas 10:25-28)

Cuando Jesús contesta con la parábola, hace que el héroe sea la persona que a todos les gusta odiar: el samaritano. Y pinta que todos los demás asumirán que el héroe es un negligente.

> El otro, que quería justificar su pregunta, replicó: ¿Y quién es mi prójimo?" Jesús empezó a decir: "Bajaba un hombre por el camino de Jerusalén a Jericó y cayó en manos de unos bandidos, que lo despojaron hasta de sus ropas, lo golpearon y se marcharon dejándolo medio muerto. Por casualidad bajaba por este camino un sacerdote; lo vio, tomó el otro lado y siguió. Lo mismo hizo un levita que llegó a ese lugar: lo vio, tomó el otro lado y pasó de largo. Un samaritano también pasó por aquel camino y lo vio, pero éste se compadeció de él. Se acercó, curó sus heridas con aceite y vino y se las vendó; después lo montó sobre el animal que traía, lo condujo a una posada y se encargó de cuidarlo. Al día siguiente sacó dos monedas y se las dio al posadero diciéndole: "Cuídalo, y si gastas más, yo te lo pagaré a mi vuelta." Jesús entonces le preguntó: "Según tu parecer, ¿cuál de estos tres fue el prójimo del hombre que cayó en manos de los

salteadores? El maestro de la Ley contesto: "El que se mostró compasivo con él." Y Jesús le dijo: "Vete y haz tu lo mismo." (Lucas 10:29-37)

¿Por qué el odio a los samaritanos? Piensa en dos grupos de gente que simplemente no se llevan bien por muchas y complicadas razones. Aquí, las razones estaban arraigadas a la religión y a la política, desde más de 900 años antes del tiempo de Jesús. Toma un poquito de entendimiento de contexto histórico y político de ese entonces para entender completamente que tan *justificados* se sentían los judíos en su odio por los samaritanos – al punto de considerarlos traidores y llamarlos "perros" y "mestizos".

En la parábola, Jesús no solo nos está llamando a ayudar a los necesitados, sino también nos está diciendo que dejemos el prejuicio y el odio.[15] Dejar el prejuicio y el odio puede ser difícil, especialmente si fuiste criado en un ambiente en el cual esta era la norma. Aun así, esto es lo que estamos llamados a hacer.

1. Cuando se trata del tema de prejuicio, ¿cuál es el ejemplo(s) que te fue dado? ¿Qué es lo que has elegido imitar? ¿Qué has elegido cambiar? ¿Por qué?

Los prejuicios están basados en estereotipos. Un estereotipo es una generalización de una persona o grupo de gente basado en un conocimiento incompleto. Nuestros cerebros por naturaleza categorizan gente, lugares y cosas en grupos, para que seamos más rápidos en entender el mundo que nos rodea. Como categorías generales, los estereotipos pueden ser positivos (*los asiáticos son buenos con las matemáticas*) o negativos (*los hombres blancos no pueden brincar*).

---

[15] Jesús también desafía a sus discípulos a dejar de lado sus prejuicios en su encuentro con la mujer Samaritana, en Juan 4:9.
El portal web 'Catholic Answers' ('Respuestas Católicas), detalla muchos ejemplos más en el Nuevo Testamento acerca de la tensión entre los dos grupos así como la insistencia de Jesús de una nueva actitud hacia los Samaritanos. Para más información acerca de la grieta de los años 900+, incluyendo citas del Antiguo Testamento pueden ser encontradas visitando el portal web St. Anthony Messenger's (Mensajeros de San Antonio) http://www.americancatholic.org/messenger/sep1996/wiseman.asp. (Página visitada el 31 de mayo, 2014). http://ocarm.org/es/lectiomobile

El problema viene cuando olvidamos (o ignoramos) el hecho de que *estamos* asumiendo, y que la información *es* incompleta, por lo que tratamos a nuestros estereotipos como la verdad. Haciendo pausa para recordar que *estamos* haciendo suposiciones puede ayudarnos bastante a educar nuestra conciencia. Cuando estas generalizaciones sin control guían nuestras *actitudes* hacia la gente, es que se convierten en prejuicios. Muy a menudo, no nos damos cuenta que tenemos actitudes prejuiciosas.

Los prejuicios son actitudes hacia la gente basados en estereotipos, como el racismo, sexismo, discriminación por la edad, etc. Cuando tratamos a un estereotipo como verdad, nuestras actitudes prejuiciosas hacen que la gente tenga que probar su valor único y propio a nosotros. En resumen, las actitudes prejuiciosas violan el principio de respeto a la dignidad humana.

La Iglesia ha declarado específicamente los daños de las diferentes formas de prejuicios individuales en varias cartas y documentos. Por ejemplo, los Obispos Católicos de los E.U.A. comienzan su Carta Pastoral *Hermanos y hermanas a nosotros* (1979) de una manera inequívoca que el racismo es malo.

> El racismo es un pecado: un pecado que divide a la familia humana, borra la imagen de Dios entre los miembros específicos de esa familia, y viola la dignidad humana fundamental de aquellos llamados a ser hijos del mismo Padre. El racismo es el pecado que dice que algunos seres humanos son superiores por herencia y otros son inferiores esencialmente por causa de la raza. Es el pecado que hace que las características raciales sean el factor determinante para ejercer los derechos humanos. Hace burla de las palabras de Jesús: "Trata a otros de la forma en que te gustaría que te trataran." En efecto, el racismo es más que un atropello a las palabras de Jesús, es una negación de la verdad de la dignidad de cada ser humano que revela el misterio de la Encarnación.[16]

La discriminación ocurre cuando actuamos de acuerdo a nuestras actitudes prejuiciosas – dando un trato especial a un grupo y excluyendo a otro.

> Hay que superar y eliminar, como contraria al plan de Dios, toda forma de discriminación en los derechos fundamentales de las personas, ya sea social o cultural, por motivos de sexo, raza, color, condición social, lengua o religión. (CIC, 1935)

---

[16] *Brothers And Sisters To Us*, de USCCB Pastoral Letter on Racism (Carta Pastoral sobre el racismo) disponible en la página de USCCB. http://www.usccb.org/issues-and-action/cultural-diversity/african-american/brothers-and-sisters-to-us.cfm. (Visitada el 31 de mayo, 2014.)

2. En cuanto al tema de los estereotipos, prejuicios y discriminación, ¿qué es lo que te cuesta más trabajo?

Cuando empezamos a analizar nuestra propia conducta con estereotipos, prejuicios y discriminación, hay cuatro papeles básicos que la gente juega.

- **El blanco** está en el extremo receptor de prejuicio o parcialidad.
- **El autor** es el malhechor o delincuente; esta es la persona que es culpable de decir la broma racista, de ser el "bully", de tener prejuicios hacia otra persona.
- **El espectador** testigos del acto, pero no interrumpe... ve cruzado de brazos y se queda en silencio.
- **El aliado** defiende al blanco u objetivo, habla e interrumpe el acto de prejuicio o imparcialidad.[17]

Nuestra fe Cristiana nos llama no solamente a evitar el pecado de ser el autor, sino también de movernos de lugar del espectador y actuar con amor y valentía para ser el aliado.

3. Piensa en tu propia experiencia con cada uno de estos papeles:
    - El blanco

    - El autor

    - El espectador

    - El aliado

---

[17] El "Roles People Play" ["Papeles que la gente juega"] viene de Anti-Defamation League (ADL) [Liga Antidifamación (LAD)], la cual es una organización dedicada a erradicar el prejuicio, enfocándose particularmente en las formas en las que los estereotipos se intensifican y llevan a la violencia y al genocidio. La LAD se ha asociado con los Obispos Católicos de E.U.A. para ayudar a los educadores católicos a enseñar sobre anti semitismo, anti judaísmo, y el holocausto, particularmente en su programa *Bearing Witness* [testimonio]. En su entrenamiento anti parcialidad, la LAD ofrece una forma de examinar los papeles que la gente juega cuando se trata de situaciones que involucran estereotipos, prejuicio y discriminación. Ver http://archive.adl.org/education/holocaust/rolespeopleplayworksheet.pdf. (Visitada el 31 de mayo, 2014).

4. ¿Qué fue lo más difícil de recordar? ¿Por qué?

5. Identifica algunas formas en las que puedes ser un aliado en tu propia vida, en las siguientes semanas.

Capítulo 13

Amor en las relaciones

▲

    Cuando pensamos en el llamado Cristiano a amar, estamos inspirados por el llamado y conscientes de la profundidad del reto. *Ágape*- el cuidado incondicional y preocupación por el bienestar de los demás – es hermoso, y cuando nos comprometemos a él, experimentamos lo divino. Por alguna razón, sin embargo, cuando empezamos a hablar acerca del *amor en las relaciones*, particularmente "enamoramiento", nos es difícil dar sentido de cómo integrar el llamado cristiano a amar con todos estos sentimientos. Nos confundimos y terminamos por usar los modelos de amor romántico que los medios de comunicación nos ofrecen como norma. Ya sea que estés casado, soltero, o seas religioso, un entendimiento saludable de amor romántico está en orden. Tal vez ayude a enriquecer y afirmar tu relación… tal vez te ayude a procesar lo que esté sucediendo en tu propia experiencia vivida, tal vez – si no es para nada más – un entendimiento renovado del amor romántico te ayudará a experimentar los mensajes errados de los medios de comunicación.

    1. ¿En qué formas estás de acuerdo con la idea de que el amor romántico es confuso? ¿En qué forma no estás de acuerdo?

    Enamorarse es al mismo tiempo, una de las experiencias *más divertidas* y *más confusas* en la vida. Las mariposas…las sonrisas…la euforia abrumadora… la emoción… A menudo nos toma por sorpresa—ni lo *vemos venir* ni lo *elegimos*. Simplemente sucede. A veces nos enamoramos de gente que (por cualquier razón) no deberíamos. Y antes de darnos cuenta, nos encontramos cantando *You've Lost That Lovin' Feeling* (Has perdido ese sentimiento amoroso) o nos dan serenata (y no de una forma chistosa, divertida como en *Top Gun*). Añade unos pequeños malentendidos como en *Three's Company* ("Tres es multitud") o un conflicto de fidelidad tipo *Romeo y Julieta* y tienes un montón de películas de amor y drama por ahí.

No es extraño que nos resulte tan impactante que *el amor no es un sentimiento*. Inclusive el tipo de amor apasionado conocido como *eros* discutido en el Capítulo 8 no es un sentimiento. Esto no quiere decir que el amor este faltante de sentimiento. De hecho, cuando amamos, se siente *genial*. A nuestro entender del amor, como enseñamos a los niños sobre el amor, cuando practicamos el amor en nuestras relaciones, sería mucho más saludable si entendiéramos que los sentimientos son un fantástico efecto secundario de amar, pero los sentimientos no son la esencia misma del amor.

¿Entonces cómo vivimos el llamado a amar y honrar nuestra identidad Cristiana en las relaciones? ¿Cómo es que un cristiano navega a través de los *sentimientos de enamorarse* con integridad?

Cuando se trata del tema de "Enamorarse", M. Scott Peck dice, "De todas las ideas erróneas sobre el amor el más poderoso y omnipresente es la creencia de que" enamorarse "es el amor... Es un error muy potente"[18] En su exitoso libro *The Road Less Traveled (El camino menos transitado)*, Peck dedica una sección entera al amor. Aunque Peck nunca usa la palabra *ágape*, su explicación ciertamente se acerca al término griego de amor:

> El amor es la voluntad de ampliarse uno mismo con el fin de nutrir el propio crecimiento espiritual o el de alguien más.[19]

Esta definición está llena de significado:

- **El amor tiene un propósito diferente, la meta del amor es el crecimiento espiritual.** No se trata de forzar (a uno mismo o) a alguien a que encaje en la imagen que tú crees que debe ser. Sino de animarlo a convertirse en la mejor versión de sí mismos, en la divina imagen de Dios. Nota la elección de la palabra aquí: *alimentar*… no implementar, evocar o crear este cambio (en uno mismo o en otros), sino nutrir. Eso es significativo.

- **El amor es un proceso circular: mientras más practiquemos ampliarnos nosotros mismos, mejoramos al hacerlo.** Es fácil pensar que el proceso circular se refiere a "mientras más das, más recibes". Pero esto no es lo que significa. En su lugar, piensa en ampliar tus límites y tu habilidad de amar – semejante a un músculo que trabaja. Mientras más lo ejercites, más fuerte se pone.

- **El amor verdadero requiere amor propio.** La habilidad de amar verdaderamente requiere que respetes tu propia dignidad humana porque amar se trata de darse a uno mismo, y no puedes dar lo que no tienes.

---

[18] M. Scott Peck (d. 2005) habla sobre el amor romántico en *The Road Less Traveled (El camino menos recorrido)* (New York: Simon and Schuster, 1978), pagina 84.
[19] Peck define primero el amor en la página 81, y va a explicar la definición de cinco partes en las páginas siguientes.

- **El amor real requiere esfuerzo**. Cada vez que "amplias tus límites" o "expandes tu habilidad" de hacer algo, requiere de esfuerzo. Mucha gente lee esto con un matiz de negatividad: "esfuerzo" significa trabajo, y "trabajo" significa sufrir. Pero hacemos un montón de cosas maravillosamente divertidas que requieren esfuerzo. ¿Qué es ese cliché? Cualquier cosa que vale la pena hacer, vale la pena hacerlo bien. El amor es algo que vale la pena hacerlo bien, y eso implica esfuerzo.

- **El amor es un acto de voluntad; se trata de una elección**. El amor es una decisión; es una decisión que tomas particularmente cuando hablamos de nutrir nuestro propio crecimiento espiritual o el de alguien más. .

    2. ¿Qué parte de la definición de Peck se parece más a tu propia experiencia? ¿Qué parte(s) te cuesta(n) más trabajo?

Pasar tiempo analizando la definición de amor de M. Scott Peck nos ayuda a entender mejor que el amor no es un sentimiento, sino mas bien los sentimientos son los agradables efectos secundarios del amor.[20] Mira la redacción de la propia palabra: enamorarse. Una persona no se "enamora" del tipo de amor *ágape* al cual Jesucristo nos ha llamado; esto es una decisión.

Tal vez sea mejor pensar en este "enamoramiento" como una oportunidad para *ágape* y *eros*, pero no amor en sí. Las relaciones tienen una tendencia a abrirse paso a un ciclo de atracción, diferencias, decepciones, y luego llegar a la experiencia del amor. Para beneficio de los que aprenden visualmente, puede ser de ayuda ofrecer una imagen gráfica de cómo puede lucir una relación en un diagrama, y donde los sentimientos se ajustan en la imagen.

---

[20] Confundir el sentimiento asociado al "enamorarse" con la esencia del amor real, contradice cada aspecto de la definición de Peck. Enamorarse no tiene propósito, tiene "muy poco que ver con… nutrir el desarrollo espiritual propio" (89). No hay extensión de uno mismo (proceso circular) con enamorarse. Enamorarse no necesita de amor propio. Enamorarse no cuesta trabajo – nos sucede *a nosotros*. Enamorarse no es una opción, no elegimos hacia quien tener o no tener sentimientos.

El ciclo de la relación [Imagen 3]

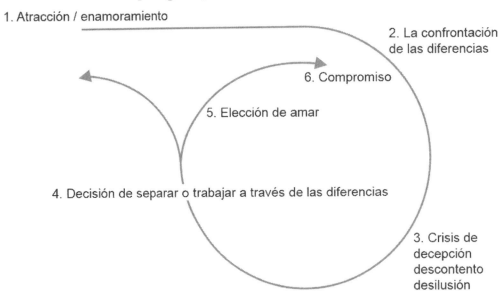

La explicación del Ciclo de la relación se lee como la historia de una relación real.[21]

1) **Atracción/Amor ciego** – Este es el "comienzo de la relación", donde la pareja se siente atraída cada vez más uno al otro… también se lo conoce como "enamorarse." Como indica la línea recta, a menudo ésta es la fase fácil donde todo es maravillosamente agradable. La mayoría de nosotros (inconscientemente) estamos en nuestra mejor actitud de "entrevista de trabajo", ya sea al ignorar o al exceso de compensación de cualquier posible "defecto", ¡porque estamos enamorados y todo es perfecto!

2) **Enfrentar los defectos y diferencias** – Ya sea que no tenga importancia como que película ver o algo tan importante como el papel de los hijos, dinero, carrera, religión, etcétera, aquí es donde la pareja comienza a identificar y enfrentar sus diferencias. Mucha gente ve esto y exclama "Aaa- ¡la primera pelea!" Tal vez…o quizá tal vez es un tranquilo recordatorio de la verdad… Aquí, a menudo escuchamos a alguien decir algo como: "No eres quien pensé que eras." Alguien en la mitad de la fase uno y dos, el "enamoramiento" empieza a desvanecerse.

3) **Crisis de decepción/descontento/desilusión** – Como en el caso del dichoso final de la luna de miel, puede ser decepcionante. Incluso, devastador. Aquí es cuando escuchamos las palabras, "necesitamos hablar."

4) **Aceptación o separación/abandono de la relación** – En este punto, la pareja tiene la opción de trabajar en sus diferencias o decidir en terminar la relación. La clave aquí es la honestidad. Ignorar el problema o mentirte a ti mismo o a tu pareja con "el

---

[21] El "Ciclo de la relación" viene del capítulo 5 del libro de Mary McCarty: *Loving: A Catholic Perspective on Vocational Lifestyle Choices* (Brown-Roa, 1993), página 149.

trabajar en la relación" no lleva la relación a la siguiente fase. Este tipo de conducta no solamente es una falta al 8vo mandamiento, sino que solo está prolongando lo inevitable.

5) **Amor** – La más obvia conclusión aquí es que el amor es una elección. Amor es un verbo; es algo que *haces*. Con el esfuerzo de trabajar en sus diferencias, la pareja en verdad *elige* amar uno al otro, ¡el resultado de lo que se siente maravilloso!

6) **Compromiso** – El ciclo continúa… la pareja continúa descubriendo más y más el uno del otro, continuaran teniendo que elegir una decisión: trabajar o abandonar la relación. El compromiso es una cuestión de *elegir continuamente amar* a cada paso.

El ciclo de la relación nos ayuda a realmente ver que la fase del "enamoramiento" es solo lo divertido del comienzo. El amor real del *ágape* y la pasión del *eros* es mucho más profundo que eso. El amor verdadero es una elección que acoge a la verdad y se siente verdaderamente increíble.

3. ¿Te puedes identificar con el análisis y el diagrama del Ciclo de la relación? Explica.

4. ¿De qué manera percibiste la idea de que "el amor no es un sentimiento"? ¿Tiene sentido o te cuesta trabajo procesarlo?

5. ¿En qué lugar puedes observar (en tu vida o en los medios de comunicación) ejemplo de amor real, amor verdadero? ¿Puedes pensar en canciones, películas, o programas de televisión que muestren amor verdadero? ¿Qué ejemplos hay que demuestren la ilusión de confundir los sentimientos de amor?

6. Cuando se trata de amor y las relaciones, ¿qué te sientes llamado a hacer?

Capítulo 14

Pecado y misericordia

⟁

Fue una sesión de preguntas y respuestas en un retiro – en un ambiente seguro. Se les animaba a las participantes a escribir sus preguntas sobre cualquier tema relacionado con la fe y entregarlos anónimamente. Se le animaba al grupo a levantar la mano si tenían preguntas adicionales. Este era su tiempo. Había más de 30 participantes, más el equipo, mujeres que fluctuaban entre los 20 a los 80 años. Cuando llegó el tema del pecado, se podía sentir la tensión emocional en el cuarto. Cada pregunta fue contestada, 7 manos mas se dispararon en levantarse para hacer preguntas.

Cuando la gente pregunta, "¿Es pecado mortal si…?" más veces sí que no, preguntan por miedo. A lo largo del camino aprendieron que ___ era un pecado mortal, y si lo hacías [*esta cosa*], ibas al infierno. Algunos hacen la pregunta pensando en su propio comportamiento, otros preguntan preocupándose por algún ser querido. Todos hacen las preguntas por miedo.

Por un lado, el pecado es real, no podemos pretender que "todo vale." Del otro lado, luchar con el concepto de pecado – y el miedo que viene con este hacia el infierno – puede en verdad dañar la fe de una persona. Necesitamos tener un mejor entendimiento del pecado, uno que nos recuerde nuestra obligación y responsabilidad ante el Dios de la verdad, mientras nos lleva a la misericordia, el amor y el perdón de Dios.

1. ¿Cuáles son las preguntas y preocupaciones que tienes sobre el tema del pecado?

El Capítulo 7 "Se trata de relación, no de reglas" explica que cuando decimos que algo es un *pecado* es porque perjudica nuestra relación con Dios, no porque estamos "rompiendo las reglas." Daña nuestra relación ya sea porque es dirigido directamente a lastimar a Dios o a aquellos a los que Dios ama. (CIC, 1849)

En el Antiguo Testamento, el pecado está definido de dos formas. El primero está en término de tiro al blanco "no llegar a la marca." Por ejemplo, cuando nuestras acciones están guiadas por egoísmo en lugar de amor *ágape*, no llegan a la marca. La segunda manera en la que está definido el pecado en la Escritura es "dureza de corazón." Por ejemplo, cuando somos indiferentes al sufrimiento de otros… cuando simplemente no nos importa ayudar a alguien necesitado, estamos siendo duros de corazón.

2. ¿Te puedes conectar con las definiciones del pecado en la Escritura? Recuerda alguna vez que tu pecado fue el resultado de "no llegar a la marca." ¿Qué tal "dureza de corazón"?

La tradición Católica toma los conceptos del Antiguo Testamento junto con las palabras de Jesús en los Evangelios y los escritos de San Pablo para ampliar nuestro entendimiento sobre el pecado.

En el Acto Penitencial, oramos:

> Yo confieso ante Dios todopoderoso,
> y ante ustedes, hermanos,
> que he pecado mucho
> de pensamiento, palabra, obra y omisión.
> Por mi culpa…

Observa como esta oración reconoce que el pecado es siempre cometido con intención (*por mi culpa…*). Además, las palabras de esta oración reconocen lo que la Tradición Católica llama tanto pecados de comisión (*hacer algo malo*) como los pecados de omisión (*no hacer algo que sabíamos que debimos de haber hecho*) – y esto ocurre en pensamientos, palabras y acciones. En todos los casos, reconocemos que hay diferentes grados de gravedad, por lo que nos referimos ya sea a pecado venial o mortal (CIC, 1854).

Los pecados veniales incluyen los pequeños, actos menos serios en pecado que a menudo vienen de malos hábitos o flojera. (*Se que debo de rezar, pero no lo hago. Sé que no debo de jurar, pero lo hago.*) Es importante que reconozcamos a estos pecados porque con el tiempo debilitan nuestra relación con Dios.

A medida que el grado de gravedad incrementa, la Tradición Católica lo describe como pecado mortal. Traducido literalmente, este es un pecado que trae un golpe "mortal" o "fulminante" a nuestra relación con Dios. Un pecado mortal es un rechazo completo y deliberado a Dios. Esto es algo serio. Aquí, no estamos hablando simplemente de cualquier pecado. Estamos hablando de un pecado que rompe una relación. Para que sea considerado un "pecado mortal":

- Debe involucrar "material grave"
- Debe hacerse con pleno conocimiento
- Debe hacerse con plena consciencia y entero consentimiento (CIC, 1859).

Es difícil clasificar algo de manera amplia y definitiva algo como un pecado mortal, porque el único que sabe el honesto nivel de conocimiento de una persona, de libertad, e intención es Dios. Por ejemplo, considere uno de los "trabajos" más inquietantes durante el Holocausto. Explica la Biblioteca Virtual Judía que en Auschwitz y otros campos de concentración,

> Los Nazis implementaron los Sonderkommando, grupos de varones judíos elegidos por su juventud y relativa buena salud, cuyo trabajo era el de poner en orden los cadáveres de las cámaras de gas o crematorios. Algunos hacían el trabajo para atrasar sus propias muertes, algunos pensaban que podían proteger a amigos y familiares, y algunos actuaron por mera gula y avaricia por la comida y el dinero adicional que estos hombres recibían algunas veces. Los hombres eran forzados a estas posiciones, con la única alternativa de la muerte en las cámaras de gas o de ser disparados en el acto por los guardias del SS.[22]

Aquí ciertamente estamos tratando con materia grave hecho con completo conocimiento, pero la falta de libertad del prisionero elimina la culpabilidad.

Culpabilidad, el grado del cual la gente es responsable moralmente, puede disminuir si el pecado es cometido bajo encierro, ya sea que la presión venga de uno mismo o de otros. Entonces hay heridas psicológicas, como el trastorno de estrés postraumático de los veteranos de guerra o enfermos mentales, que asimismo limita la libertad del individuo y disminuye la responsabilidad.

El suicidio es otro asunto grave que merece atención. A varios de nosotros se nos ha enseñado que la gente que comete suicidio va a ir al infierno. La razón de esta enseñanza es clara: nuestra vida fue dada por Dios. "Somos administradores y no propietarios de la vida que Dios nos ha confiado. No disponemos de ella." (CIC, 2280). Si es cometido con completo conocimiento y libertad, el intento de suicidio es el rechazo del don de Dios de la vida, y rechazar a Dios es un pecado mortal porque es un golpe a nuestra relación. Sin embargo, como el *Catecismo* lo reconoce, "trastornos psíquicos graves, la angustia o el temor grave de la prueba, del sufrimiento o de la tortura, pueden disminuir la

---

[22] La biblioteca virtual Judía, "Concentration Camps: The Sonderkommando" por Jacqueline Shields http://www.jewishvirtuallibrary.org/jsource/Holocaust/Sonderkommando.html. Visitada el 7 de mayo, 2014.

responsabilidad del suicida." (CIC, 2282). Ya que la psicología moderna nos ha ayudado a entender que una persona que comete suicidio generalmente no se encuentra cuerdo de salud mental, tenemos que llegar a una postura más compasiva. El suicidio es incorrecto, pero "No se debe desesperar de la salvación eterna de aquellas personas que se han dado muerte. Dios puede haberles facilitado por caminos que Él solo conoce la ocasión de un arrepentimiento salvador. La Iglesia ora por las personas que ha atentado contra su vida." (CIC, 2283).

¿Es posible que una persona cometa pecado mortal? Por supuesto. Esa posibilidad es un reflejo de la profundidad de la libertad humana. Sin embargo, no todas las decisiones son tomadas con pleno conocimiento, completa libertad e intención deliberada. Dios quiere que nos arrepintamos y que regresemos a Él. (CIC, 1847).

> Si alguno de ustedes pierde una oveja de las cien que tiene, ¿no de las otras noventa y nueve en el desierto y se va en busca de la que se le perdió hasta que le encuentra? Y cuando la encuentra, se la carga muy feliz sobre los hombros, y al llegar a su casa reúne a los amigos y los vecinos y les dice: "Alégrense conmigo, porque he encontrado la oveja que se me había perdido." Yo les digo que de igual modo habrá más alegría en el cielo por un solo pecador que vuelve a Dios que por noventa y nueve justos que no tienen necesidad de convertirse. (Lucas 15:4-7)

Cuando Jesús cuenta la parábola de la oveja perdida, puede ser útil entender que la mayoría de los pastores no dejan a 99 para ir detrás de una. Pero Dios sí. Simplemente porque ese es el tipo de Dios amoroso, misericordioso, y vivificante que es Él.

El pecado mortal no es el fin. Sino más bien, apunta a una profunda y seria necesidad de reconciliación.

A veces necesitamos elevar nuestra conciencia de las formas en las que pecamos. Un buen *examen de conciencia*, que el índice del *Catecismo* lo define como "reflexión personal y llena de espíritu de oración sobre nuestras palabras y obras a la luz del Evangelio, para determinar si hemos pecado contra Dios y como ha sido", puede ser de gran ayuda aquí.[23]

Otras veces, estamos tan conscientes de nuestra condición de pecadores que necesitamos volver a examinar la noción de nuestra bondad heredada de dignidad humana junto con el don de la gracia y la misericordia de Dios. Nuestra fe católica afirma ambas, que somos capaces y en condición de pecar.

---

[23] La USCCB ofrece gran recursos para examinar la conciencia, una usa los Diez mandamientos, otra la Enseñanza social católica. También ofrecen unos para niños, jóvenes adultos, solteros y casados. Visita http://www.usccb.org/prayer-and-worship/sacraments-and-sacramentals/penance/examinations-of-conscience.cfm. (Visitada el 2 de junio, 2014).

3. Piensa en tus propias actitudes hacia el pecado. Cuando se trata del tema de la responsabilidad moral y el pecado ¿qué es lo que te cuesta más trabajo?

4. En cuanto el tema de responsabilidad moral y pecado, ¿sobre qué necesitas escuchar más: examinar tu conciencia para tomar responsabilidad o la gracia y misericordia de Dios?

5. Con respecto a tu respuesta a la pregunta número 4, ¿qué planeas hacer para hacerlo realidad?

Capítulo 15

Júbilo

*Estén siempre alegres en el Señor; se los repito, estén alegres
y den a todos muestras de un espíritu muy abierto*
(Filipenses 4:4)

La Escritura menciona el júbilo (o alegría) más de 400 veces.[24] El júbilo, es contentamiento, confianza y esperanza que resuena profundamente dentro. La alegría fomenta una perspectiva en el panorama general que abarca el crecimiento y el bienestar de nuestro cuerpo, mente y alma. El júbilo es perdurable. El júbilo tiene una dimensión espiritual, como si se tratara de la experiencia misma del alma deleitándose. El júbilo está impregnado de amor y gratitud.[25]

1. ¿De qué otra forma describirías el júbilo?

2. ¿Cuáles son los momentos de tu vida que se destacan como experiencias de júbilo?

---

[24] De acuerdo a *Strongest of Strong's Exhaustive Concordance of the Bible* (Las más fuertes y exhaustivas concordancias de la Biblia de Strong), variaciones de las palabras *gozo* o *júbilo* (gozoso, jubiloso etc.) aparecen 201 veces, variaciones de *regocijo (*regocijan, regocijar etc. *)* aparecen en las escrituras 226 veces. (James Strong. Grand Rapids: Zondervan, 2001, páginas 557 y 875-876.)

[25] El enfoque en el *gozo* o *júbilo* en éste capítulo, se alinea con la *felicidad* o *dicha*. Dependiendo de como sean definidos los dos términos guardan más similitudes que diferencias. Muchos usamos las palabras *dicha* y *júbilo* de maneras intercambiables ; muchos diccionarios las definen de manera muy similar. La Escritura hace referencia de ambos términos. El Catecismo denota cómo las Escrituras hablan de la *felicidad*: "Nos enseña que la verdadera dicha no reside ni en la riqueza o el bienestar, ni en la gloria humana o el poder, ni en ninguna obra humana, por útil que sea, como las ciencias, la tecnología y las artes, ni en ninguna criatura, sino sólo en Dios, fuente de todo bien y de todo amor" (CCC, 1723). El más reciente éxito de ventas del New York Times, *The Happiness Project* (El Proyecto de la felicidad) por Gretchen Rubin (2009). Explora un sin número de comentarios filosóficos y teológicos acerca de lo que es la *felicidad*. Para muchos, *dicha* o *felicidad* conjura imágenes de situaciones inmediatas, transitorias y placenteras. A lo largo de su libro, Rubin cita filósofos y teólogos quienes a través de los años han ofrecido una variedad de definiciones y descripciones acerca de lo que es y lo que no es la *felicidad*. La manera en la que Rubin se expresa acerca de la *felicidad* está alineada con el entendimiento de *júbilo* en éste capítulo.

La alegría nos es dada por Dios, es la conciencia de la presencia de Dios. La poeta Elizabeth Barrett Browning (1806-1861) escribió:

La Tierra está llena de Cielo.
y cada arbusto común arde con Dios.;
pero solo el que ve se quita los zapatos-
el resto permanece sentado y recoge moras.

La Tierra está llena de cielos, y la alegría impregna la vida. Pero sólo aquellos que lo ven se quitan los zapatos. ¿Cuántas veces vemos - o apreciamos-el júbilo?

3. Comenta que tan bien ves (o aprecias) el júbilo en tu vida diaria.

4. ¿A quién conoces que emane júbilo? ¿Cómo te sientes cuando estás con esta persona?

En muchas formas, la alegría se trata tanto de tener una *mayor conciencia* de la presencia de Dios, como de cambiar nuestra perspectiva de los acontecimientos que de otra manera serían eventos mediocres (o francamente molestos) en nuestras vidas.

~~~~~

Un año, mi propósito de año nuevo era júbilo. Decidí trabajar en aumentar mi conciencia. Me reté a mi misma a aceptar las sonrisas que mis hijos me traían como oportunidades de júbilo. Eso me requirió que parara y verdaderamente apreciar sus sonrisas cuando sucedían. En lugar de quejarme del desorden, me deleitaba en usar la aspiradora en mi automóvil RAV4 que no tenía asiento para bebés, y liberarla de cereales (Cheerios y Chex) y pasitas que estaban apiladas en el asiento trasero.

~~~~~

Cuando hago tiempo para mi pasatiempo favorito – manualidades y pintar – estoy llena de gozo. Me permite crear algo nuevo y divertido, mientras uso mi imaginación. ¡Tan, tan divertido! Júbilo.

~~~~~

Una vez, me encontré con 25 minutos extra entre dos citas, así que llamé a mi marido, acordamos vernos en un parque cerca de su trabajo, y preparé para llevar un almuerzo para picnic. La diversión inesperada fue un deleite. Júbilo.

~~~~~

Tengo azulejos blancos con cemento "supuestamente" blanco en el piso de mi cocina. Realmente limpiar tallando ese cemento es algo de una tarea de rodillas y manos que he evitado por seguro dos años. Pero decidí hacerlo y buscar el júbilo. Un buen cepillo para tallar, una cubeta de agua, un detergente decente, algunas toallas y un par de horas, junto con mucho trabajo duro y el cemento pasó de negro a blanco. No solo encontré júbilo en el trabajo, pero en el estado de ánimo repetitivo de "espuma, enjuague, repita" tuve bastante tiempo en pensar y reflexionar, el cual es en sí ya un beneficio. Mis muñecas me dolieron bastante después, pero enfocándome en el júbilo, fui capaz de reconocer el dolor y aun así emocionarme cada vez que entraba a la cocina, relajándome en la gloria de un piso blanco brillante.

~~~~~

Desde el punto de vista de la fe, este enfoque en el júbilo nos ayuda a estar en armonía con la presencia de Dios en tu vida diaria. Nos recuerda de la virtud de la esperanza y mantener una perspectiva propia en lo que importa y lo que no.

El júbilo está a tu disponibilidad. Solamente necesitas verle.

5. ¿Hay algo que sientas un llamado a hacer diferente? ¿Qué puedes hacer para estar más consciente y ver el júbilo en tu vida esta semana?

6. Regresa a esta pregunta después de haber pasado tiempo buscando activamente júbilo en tu vida diaria.
   - ¿Cómo te fue? ¿Qué funcionó? ¿Qué se te dificultó?

   - ¿Cómo impactó tu vida el buscar júbilo en tu vida diaria?

Capítulo 16

Arrepentimiento y remordimiento

Con dos niños pequeños, llegué a escuchar por accidente cosas, particularmente cuando interactuaban jugando, conversaciones en el automóvil, y lo que veían en la televisión. Así que no es que hubiera estado viendo a propósito un episodio de *Lego Ninjago*, pero realmente captó mi atención más de lo que me gustaría poder admitir.

En el episodio "Wrong Plance, Wrong Time" (Lugar equivocado en el momento equivocado), el malo del cuento (Lord Garmadon) desea que los chicos buenos (Ninjas) nunca hubieran existido, así que regresa en el tiempo y lo hace realidad. Mientras los Ninjas se preparan para salvar el día, su mentor (Sensei Wu) les advierte que *si cambian algo, cambian todo.*

El episodio me recordó a una conversación que tuve con mi abuelita en una de sus últimas visitas a mi casa.

"Hija, hubo tiempos difíciles en mi vida. Te diré, 1936 fue difícil, extremadamente difícil. Pero deja te digo solo esto. No tengo arrepentimientos. ¿Es algo eso? A mi edad de 83 años y no arrepentimientos." Paró por un momento y me miró a los ojos, ¿puedes decir eso de ti misma? ¿Tienes algún arrepentimiento?"

La miré con lágrimas en los ojos. "No, no puedo decir eso. Tengo un enorme arrepentimiento. Mi primer matrimonio fue un enorme error. Me arrepiento que haya sucedido. Me arrepiento de haber tomado esa decisión. Con cada célula de mi ser, me arrepiento de eso."

Mi abue hace un movimiento agarrando la parte superior de mi brazo con una fuerza sorprendente para una débil señora de su edad y me dice: "No estoy diciendo que nunca cometí errores. Hija, yo cometí varios errores. Muchos. Pregúntale a quien sea. Estoy hablando de arrepentimientos."

"Lo sé, abue. Pero sí. Desearía no arrepentirme. Pero sí lo hago."

"Espero que algún día cambies de parecer. Deseo que algún día puedas llegar a mi edad y decir que no te arrepientes de nada. Porque eso vale algo."

Mi abuelita falleció el siguiente diciembre, siguiendo sin tener nada de qué arrepentirse.

Así que mientras me sentaba en la sala, tomaba mi té y terminaba mi desayuno, escuché a Sensei Wu advertirle a los Ninjas que *si cambias algo, cambias todo*. Y finalmente lo entendí.

Arrepentimiento y remordimiento son dos cosas diferentes. Tengo un sincero *remordimiento* por las series de decisiones bien intencionadas, pero mal informadas que me llevaron a uno de los puntos más bajos de mi vida. Estoy profundamente arrepentida. La agitación, crisis, depresión… Lo siento mucho. Pero mi abuelita estaba hablando del tipo de arrepentimiento que borra el evento de la faz de la tierra. Y mientras Sensei Wu decía, *cambian algo, cambian todo*. ¿Podré ser capaz de cambiar *todo*?

Mi marido… mis hijos… mis amigos… mi comunidad… mi crecimiento personal y espiritual…No, no quiero arriesgar quién, qué y dónde estoy yo en este momento. Así que estoy haciendo las paces con cómo llegué aquí.

Me estoy acercando a decirle a mi abuelita "No, no tengo ningún arrepentimiento". Y la escucho decir "¡Eso es bueno, hija!" (Aunque, el apretujón imaginario del brazo duele mucho menos que el real)

1. Cuando piensas en los errores que haz cometido en tu vida, ¿tu actitud es más de arrepentimiento o de remordimiento? ¿por qué? ¿Ha cambiado tu actitud con el paso del tiempo? Explica.

2. Identificar algunas de las cosas buenas que han ocurrido en tu vida a raíz de la ruptura de errores, luchas, sufrimientos y males.

La Divina Providencia y el Escándalo del mal

Reflexiona en *algunas de las cosas buenas que han ocurrido en tu vida a raíz del sufrimiento* nos da esperanza. Sin embargo, nos metemos en problemas cuando usamos frases como "todo sucede por alguna razón" o "así tenía que ser" para transmitir esta esperanza. Imagínate un sobreviviente de violación o del Holocausto escuchando "todo sucede por alguna razón." La expresión implica falsamente Dios causó el mal que ocurrió para que le siguiera el bien.

Nuestra fe ciertamente nos brinda esperanza en la cara del sufrimiento y muerte, aun si la enseñanza de la Iglesia rechaza explícitamente que Dios causaría cualquier mal para que aprendamos y crezcamos.

En la sección de la Providencia y el Escándalo del Mal (CIC, 309-314), el *Catecismo* establece:

- Dios es todo bueno
- Dios *no causa* que el mal suceda
- El mal sucede

Citando a San Agustín, el *Catecismo* explica:

> Porque el Dios Todopoderoso… por ser soberanamente bueno, no permitiría jamás que en sus obras existiera algún mal, si Él no fuera suficientemente poderoso y bueno para hacer surgir un bien del mismo mal (CIC, 311).

Dios no causó que cosas malas te sucedieran, o a alguien más. Teológicamente, todo *no pasa* por alguna razón.

Una expresión más fiel puede ser: Cuando la vida te da limones, Dios hace la más divina limonada que te puedas imaginar. Todo tenemos nuestra propia historia de limonada divina.

~~~~~

Heidi y Cody tuvieron problemas de infertilidad por años. Durante los años de angustia y pérdida, se les dificultó su relación con Dios. Ellos trataron, pero no eran capaces de encontrar a Dios trabajando por ningún lado. Y después Dios puso en su corazón adoptar – específicamente a través de "foster care" (adopción temporal)—una dirección que Dios la hizo muy clara. De los tres niños que adoptaron, dos venían de situaciones familiares particularmente difíciles.

"Al ser padres adoptivos, sentimos que Dios nos ha dado el maravilloso privilegio de jugar un papel en varias vidas diferentes. Somos capaces de ayudar a nuestros hijos a crear un puente diferente…una trayectoria diferente en sus vidas – en sus futuros – para que los patrones que llevaron a sus padres biológicos a situaciones disfuncionales (por la gracias de Dios) no se repitan en las vidas de nuestros hijos. Y si nuestros hijos hacen las cosas correctas, tal vez la diferencia continúe en la vida de sus hijos, y sus nietos, etcétera. Vemos todo esto como un privilegio – el privilegio de ser usados por Dios para este propósito específico. Tenemos la oportunidad de hacer esto por Él. Podemos ayudar a crear Su Reino en la Tierra a través de las vidas de estos niños que hemos adoptado.

~~~~~

Dios no causó nada de este dolor y sufrimiento, pero Él si lo transformó. Dios – y solo Dios – puede transformar el mal en algo bueno.

3. Recuerda algunos de los mensajes de *esperanza en medio de la oscuridad* que has dado y/o recibido. ¿Cómo se comparan estos mensajes con la enseñanza de la Iglesia sobre la Divina Providencia y el mal?

4. Menciona alguna de tus historias de "limonada divina."

5. Piensa en alguien que esté pasando por momentos difíciles en este momento, contáctalo y ofrécele un mensaje de esperanza que honre esta enseñanza.

Capítulo 17

Perdón

El menor de mis hijos estaba teniendo problemas con el niño de enfrente de la calle, quien consideraba su mejor amigo. En el transcurso de varios días, los sentimientos de ambos habían sido lastimados y ninguno de los dos lo estaba manejando bien. Cada uno continuaba el ciclo de mis-sentimientos-estan-lastimados-entonces-yo-voy-a-lastimar-tus-sentimientos.

Cuando nuestros hijos cometen errores, les enseñamos a hacer tres cosas importantes para ayudarles en el proceso del perdón.
1) Tomar Responsabilidad *de tu papel en la situación*
2) Buscar el Perdón *de quien tú hayas lastimado*
3) Arreglarlo – *haz lo que tengas que hacer para reparar cualquier daño que hayas causado.*

El perdón es difícil, y le es difícil a diferente gente por diferentes razones. Cada uno tiene ese aspecto con el que luchan, ya sea el perdonarse a sí mismo, perdonar a otros, o buscar el perdón.

Así que cuando hablamos de por qué el ciclo de *mis-sentimientos-estan-lastimados-entonces-yo-voy-a-lastimar-tus-sentimientos* está mal (y es inútil y lastima), no me sorprendió cuando mi hijo empezó a llorar. Pero en lugar de asumir, le pregunté con compasión *"¿por qué lloras?"*

"Porque sé que lo que hice estuvo mal y me avergüenza."

"Ay cariño. No. Eso no es lo que quiero. Eso no es lo que quiere Dios."

El perdón a uno mismo

La vergüenza destruye el perdón. Nos inhibe de aprender, crecer, sanar y amar. La vergüenza nos paraliza en la primera parte del proceso. *Toma responsabilidad*, y trae a su amigo *el miedo* a prevenir que sigamos con la segunda parte *buscar el perdón* de quién te ha lastimado… de modo que de plano se nos olvide hacer algún progreso en la tercera parte *arreglarlo*. Esa parálisis no es útil.

Para muchos de nosotros, la parte más difícil es perdonarnos a nosotros mismo honestamente.
- ¿Cómo pude ser tan tonto?

- ¿Cómo pude haber cometido tan grave error?

Algunos se pregunta ¿*podemos* perdonarnos a nosotros mismos? No le toca a Dios perdonarnos? Yo respondería a eso: Claro. Por último Dios es el que perdona. Pero Jesús ofreció clarificación adicional aquí: en primer lugar no nos deberíamos de juzgar y condenarnos a nosotros mismo. Acuérdate de la parábola de la mujer que es sorprendida cometiendo adulterio:

> "Maestro, esta mujer es una adultera y ha sido sorprendida en el acto. En un caso como éste la Ley de Moisés ordena matar a pedradas a la mujer. Tú, ¿qué dices?" Le hacían esta pregunta para ponerlo en dificultades y tener algo de que acusarlo. Pero Jesús se inclinó y se puso a escribir en el suelo con el dedo. Como ellos insistían en preguntarle, se enderezó y les dijo: "Aquel de ustedes que no tenga pecado, que le arroje la primera piedra." Se inclinó de nuevo y siguió escribiendo en el suelo. Al oír estas palabras, se fueron retirando uno tras otro, comenzando por los más viejos, hasta que se quedó Jesús solo con la mujer, que seguía de pie ante él. Entonces se enderezó y le dijo: "Mujer, ¿dónde están? ¿Ninguno te ha condenado?" Ella contestó: "Ninguno, señor" Y Jesús le dijo: "Tampoco yo te condeno. Vete y en adelante no vuelvas a pecar." (Juan 8:4-11)

Observa con detenimiento las últimas palabras que Jesús le dijo a la mujer, "Tampoco yo te condeno. Vete y en adelante no vuelvas a pecar." Dios es un Dios de amor y vida. La vergüenza y la condenación no es lo que quiere Dios para nuestras vidas. Al contrario, Jesús nos dice que crezcamos y aprendamos de esta experiencia (*no vuelvas a pecar*) y sigue tu camino-continúa con tu vida con amor.

1. Evalúate a ti mismo en cuanto *al perdón a uno mismo*. ¿Qué tan bien lo practicas? ¿qué es lo que te cuesta más trabajo? ¿necesitas perdonarte a ti mismo?

2. ¿Qué estímulo es el que necesitas oír en cuanto al *perdón de uno mismo*?

Perdonar a otros

Jesús habla claramente sobre el tema del perdón hacia otros, particularmente nos dice que amemos a nuestros enemigos (Mateo 5:44, Lucas 6:27) y perdonar siete veces siete veces (Mateo 18:21-22, Lucas 17:4). Tomándolo en conjunto, el mensaje de Jesús sobre el perdón es radical. Hemos de ser gente de amor y reconciliación, no gente de odio y venganza.

No hay espacio de sobra en el Cristianismo en cuanto a odio y venganza. La mayoría de los cristianos está de acuerdo con esto en teoría, pero se les dificulta ponerlo en práctica, especialmente en casos de abuso, particularmente en cuanto a la enseñanza de represalias.

> Ustedes han oído que se dijo: "Ojo por ojo y diente por diente." Pero yo les digo: No resistan al malvado. Antes bien, si alguien te golpea en la mejilla derecha, ofrécele también la otra. (Mateo 5:38-39)

En ninguna parte de los Evangelios Jesús predica algún mensaje opuesto al amor. El abuso no es amor. Así que el interpretar este pasaje de alguna forma que incite a alguien a continuar con su causa, continuar con el abuso sería una muy mala interpretación. Aun así, ¿qué es lo que Jesús dice aquí?

Los lectores contemporáneos usualmente se imaginan estos "golpes" como si fuera una pelea a puñetazos. De hecho, en los tiempos bíblicos era común que un "maestro" romano/hombre le diera un *"backhand slap"*. Un *"backhand slap"* significa usar la parte posterior de la palma, y cachetear a alguien. La intención de este "golpe" era más de denigrar al inferior que de lastimar. En esa cultura, la mano izquierda era usada únicamente para "tareas sucias", así que una bofetada con la parte posterior de la mano necesitaba de la mano derecha del maestro en la parte inferior de la mejilla derecha. La mayoría de la gente elige contestar con uno de los dos extremos: lo ignora (sometiéndose al abuso) o pelea (con violencia de ojo por ojo), pero al referirse a un grupo de personas que están acostumbradas a ser denigradas, Jesús ofrece una tercera vía. El les instruye a revelarse de forma creativa sin violencia. Al entregar física y literalmente "la otra (izquierda) mejilla", el maestro ya no puede *"backhand slap"*, el único "golpe" posible sería con un golpe a la mejilla izquierda. En esa sociedad, es equivalente a una cachetada, así "ofrecer la otra mejilla" sería un acto de desafío que honraba la dignidad humana.[26]

Usando el amor y respeto por la dignidad humana para guiar al perdón, nos permite explorar lo que significa perdonar a una persona que no se arrepiente.

~~~~~

Cuando era niña, Grace fue tocada de manera irrespetuosa por un tío que vivía con una numerosa familia católica. Ya siendo adulta, cuando Grace recuerda su historia, reconoce que aunque el abuso fue mantenido en secreto, había señas extremas de auto desprecio

---

[26] Erudito bíblico protestante, Walter Wink (d. 2012) ofrece esta interpretación de "presentar la otra mejilla" en *The Powers That Be* (Doubleday, 1998). En su página de internet, Christian Peacemaker Teams provee un link al texto de Wink, que puede ser encontrado en: http://www.cpt.org/files/BN%20-%20Jesus'%20Third%20Way.pdf. Visitada el 20 de marzo, 2014.

que abarcaron su niñez y adolescencia, durando hasta gran parte de su edad adulta. Hacía tiempo que el tío de Grace había fallecido, y nunca aceptó o pidió perdón por sus acciones. Ella sabía que necesitaba perdón y sanación en esta área de su vida. Sin embargo, cuando Gracia habló sobre el perdón, ella se enfocó en la necesidad de perdonar al que le había faltado el respeto. "Me cuesta trabajo, porque siento que es como si yo estuviera de acuerdo con lo que él hizo. Y no lo estoy."

~~~~~

Cuando Jesús habló a sus discípulos sobre el perdón, el les estaba llamando a la reconciliación, al amor, y a que estuvieran en paz el uno con el otro. La verdadera *reconciliación* solo es posible entre dos personas que se unen en respeto mutuo para hacer las paces. El *perdón*, sin embargo, no depende de las acciones o palabras de alguien más.

Como parte de una serie televisiva acerca de las emociones, PBS realizó un segmento llamado "Entender el perdón". En este, los investigadores ofrecieron algunas grandes ideas y descripciones de lo que es y no es el perdón, desde la perspectiva de la psicología social:

El perdón, como mínimo, es una decisión de dejar de lado el deseo de venganza y la mala voluntad hacia la persona que te traicionó. También puede incluir sentimientos de buena voluntad hacia la otra persona.

El perdón no es lo mismo que la reconciliación. El perdón es la respuesta interna de una persona a otra de las injusticias percibidas. La reconciliación exige a ambas partes a trabajar juntos. El perdón es algo que es totalmente tuyo.

Perdonar no es olvidar. "Perdonar y olvidar" parecen ir de la mano. Sin embargo, el proceso de perdonar implica que reconoces el mal que te fue hecho, reflexionas en éste, y decides cómo deseas pensar acerca de él. Centrándote en olvidar un mal, podría llevar a negar o reprimir sentimientos al respecto, que no es lo mismo que el perdón. El perdón ha tenido lugar cuando se puede recordar el mal que se hizo sin sentir resentimiento o la voluntad de perseguir la venganza. A veces, después de llegar a este punto, podemos olvidarnos de algunos de los males que la gente nos ha hecho. Pero no tenemos que olvidar para perdonar.

El perdón no es tolerar o excusar. El perdón no minimiza, justifica o excusa el mal causado. El perdón tampoco significa negar el daño y los sentimientos que la injusticia causó. Y el perdón no significa ponerse en una posición de ser dañado de nuevo. Puedes perdonar a alguien y aún tomar medidas saludables para protegerte a ti mismo.[27]

El perdón se trata de dejar ir el enojo, el odio y el deseo de venganza.

~~~~~

Grace se dio cuenta que ya no tenía sentimientos de odio, enojo o deseo de vengarse hacia su tío. Sin embargo, sí tenía sentimientos de enojo y odio contra ella misma. Cuando dejó la idea de que tenía que "estar de acuerdo" con su abuso, Grace comenzó a sanar.

~~~~~

3. Evalúate a ti mismo con respecto al perdón hacia los demás. ¿Qué tan bien practicas esto? ¿Qué se te dificulta? ¿Hay alguien a quien necesitas perdonar?

4. ¿Qué palabras de ánimo son las que necesitas oír cuando se trata del *perdón de los demás*?

Buscar el perdón

A veces tenemos un tiempo difícil cuando en verdad buscamos el perdón. Hacer esto requiere de vulnerabilidad.

- ¿Soy demasiado orgulloso o estoy demasiado enojado para asumir la responsabilidad que me toca?
- ¿Mis disculpas serán aceptadas?
- ¿Me harán sentir peor de lo que ya me siento? (¿es esto tan siquiera posible?)
- ¿Qué pensarán de mi?
- ¿El pedir perdón me hace ver débil?

---

[27] El segmento "Understanding Forgiveness" ("Entendiendo el perdón") fue parte de las series de PBS llamadas "This Emotional Life." ("Esta vida emocional") En esta, PBS, hace referencia a la psicóloga Sonja Lyubomirsky y su libro *The How of Happiness (El cómo de felicidad o dicha)* (Penguin Press, 2007). La explicación del perdón está disponible en la página de PBS [en inglés] en: http://www.pbs.org/thisemotionallife/topic/forgiveness/understanding-forgiveness. (Visitada el 20 de marzo, 2014.)

Jesús nos dijo que hiciéramos las paces los unos con los otros antes de acercarnos al altar (Mateo 5:23-25). Esta paz es cuestión de amor e integridad. Estamos llamados a reconciliarnos el uno con el otro y también estamos invitados a recibir la gracia de la sanación en el sacramento de la reconciliación. ¡Y que don de gracia es este! La paz.

Así que mientras sí, es espantoso ser vulnerable, el discipulado Cristiano se trata de ser real, tomar riesgos, y vivir en el amor unos con otros.

5. Evalúate at ti mismo con respecto a *buscar el perdón*. ¿Qué tan bien practicas esto? ¿Qué se te dificulta? ¿Hay alguien al que le necesitas pedir perdón?

6. ¿Qué palabras de ánimo son las que necesitas oír cuando se trata de *buscar el perdón*?

7. En general, en cualquiera de las tres categorías ¿Cuál ha sido tu experiencia más significativa con el perdón?

Capítulo 18

Teología del cuerpo

En septiembre de 1979, con un año de haber iniciado su pontificado, San Juan Pablo II comenzó una seria de charlas en sus audiencias de los miércoles, que duraron hasta noviembre de 1984. Estas charlas fueron compiladas y se convirtieron a lo que ahora se le conoce como "Teología del cuerpo". La teología del cuerpo ofrece una forma completa de vida renovada para entender el sexo y la moral sexual, y esta visión vivificante se presta a una manera de entender toda interacción "corporal." Estas conferencias comienzan con el significado y dignidad de la persona humana en la creación, y después explica las implicaciones.[28]

1. Piensa en cómo aprendiste sobre sexo y moralidad sexual. ¿Fue como parte de una visión grande de la persona humana o fue más como una lista de reglas? Explica.

---

[28] Hubieron varias interrupciones en las charlas de los miércoles de la Teología del cuerpo, cuando se le prestaba atención a otros temas, como "El año Santo de la Redención" en 1993. El contenido de las 129 charlas está disponible a través de la página de internet de USCCB (http://www.usccb.org/issues-and-action/marriage-and-family/natural-family-planning/catholic-teaching/theology-of-the-body.cfm (Visitada el 5 de junio, 2014). Christopher West es uno de los autores, conferencistas y maestros más famosos en el tema de la Teología del cuerpo. Él ofrece una explicación párrafo por párrafo sobre cada una de las charlas de las series en *Theology of the Body Explained: A Commentary on John Paul II's Man and Woman He Created Them* (Pauline Books, Primera Edición 2003, Edición Revisada 2007). Además de varios libros adicionales y guías de estudio sobre este tema, West ofrece *Theology of the Body Institute* http://www.tobinstitute.org/), que está comprometido a la enseñanza de este importante trabajo.

El concepto de la dignidad humana ha sido discutido en varios capítulos a través de este libro. Como cristianos, tenemos una visión de lo que significa ser humano. Fuimos creados a la imagen y semejanza de Dios, lo que nos hace ser a cada uno un ser especial único: somos la imagen de Dios en cuerpo y en alma. Es esta naturaleza de nuestra creación lo que nos llama a amarnos los unos a los otros como Dios lo ha hecho. En todo lo que decimos y todo lo que hacemos, estamos llamados a respetar esta dignidad humana heredada a nosotros y a otros.

Al crear y diseñar nuestra forma de ser los unos con los otros, Dios tiene una visión de lo que se supone que se debe de expresar y experimentar en el sexo, y la visión de Dios es fenomenal. Dios quiso que los aspectos sexuales de nuestro cuerpo fueran una manera para que dos personas digan: "nos amamos lo suficiente para hacernos uno solo."[29]

> El hecho de que se conviertan en una sola carne es un vínculo poderoso establecido por el Creador. A través de ella descubren su propia humanidad, tanto en su unidad original, y en la dualidad de un misterioso atractivo recíproco. (*TDC*, 10:2)

Como dice Génesis 2:24 "pasan a ser una sola carne", la Teología del cuerpo entiende que la unión va mas allá de lo que sucede físicamente. A través del coito, dos se convierten en uno físicamente, intelectualmente, emocionalmente y espiritualmente. Es como si dijéramos:

"Te amo tanto que me entrego completamente
– cuerpo, mente y alma –
a ti, sin ninguna reserva."

Esta unión completa implica una entrega total de uno mismo – dada mutuamente y recibida en todos los cuatro tipos de amor (*agape*, *philia*, y *eros*, del capítulo 8). Este mensaje intenso es comunicado con el cuerpo, en el cuerpo y a través del cuerpo – es un lenguaje corporal. El cuerpo fue diseñado por Dios para ser sincero.

Con honestidad y sinceridad, piensa en quien confías tus más profundos y oscuros secretos. De hecho, ¿qué haría falta para que te abrieras a alguien y ser totalmente vulnerable – desnudo emocionalmente – con tu vida entera? En la visión y diseño de Dios, a través del sexo, el cuerpo comunica exactamente con *ese* nivel de vulnerabilidad y franqueza.

---

[29] Escribí acerca de la Teología del cuerpo en una serie de artículos en nuestros tomos de libros del texto 'Divisiones curriculares de nuestro visitante dominical educación preparatoria'.
Estos artículos de 'Honra al cuerpo', se encuentran en el Curso 1: *Jesus the Word* (Jesús la Palabra, 2011), y Curso 2: *Son of the Living God* (Hijo del Dios vivo, 2011). El artículo que específicamente trata la visión del sexo se llama "One Body" (Un cuerpo), y puede ser encontrado en el Curso 1: *Jesus the Word* (Jesús la Palabra, páginas 28-29).

2. ¿A quién le "confías tu más profundos y oscuros secretos"? Hombre o mujer, en *philia* o *eros*, ¿con quién eres capaz de ser vulnerable?

El cuerpo comunica exactamente con ese nivel de vulnerabilidad y franqueza, excepto cuando no lo hace. El cuerpo no está diseñado para mentir (es por eso que los detectores de mentiras funcionan, porque sudamos cuando estamos nerviosos, y porque es tan difícil de contener la risa). Así que si una persona se compromete en este regalo de sí mismo, pero *tiene* reservas – por la razón que fuese – se necesita proteger a sí mismo. Para hacer esto, el cuerpo empieza a entumecerse a si mismo contra la vulnerabilidad y la verdad. Al entumecerse a sí mismo, el cuerpo se permite ser usado como un objeto… como medio para terminar. Este es un problema de falta de respeto hacia la dignidad humana, esto también indica que cuando la persona *si* entra a una unión amorosa en el sacramento del matrimonio, el daño no se invierte inmediata ni milagrosamente.

3. Piensa sobre la "falta de respeto hacia la dignidad humana" que sucede cuando "el cuerpo es usado como la meta final". Mientras que este capítulo se enfoca en este dinamismo que sucede en los encuentros sexuales, la Teología del Cuerpo rechaza la objetivación de la humanidad en todas las circunstancias. ¿Alguna vez has sido "usado como un objeto"? Mientras piensas tu respuesta, piensa en las interacciones en tu área de trabajo…interacciones entre tus amigos o relaciones familiares…

4. En la misma área, piensa alguna vez en la que usaste a otra persona como un objeto u cosa…. ¿Le faltaste el respeto a la humanidad de el/la cajero/a en la tienda? ¿Le faltaste el respeto a la humanidad de algún empleado…o algún familiar… o amistad? Piensa en uno o dos ejemplos. ¿Cómo hubieses podido manejar la situación de forma diferente?

¿Qué se necesita para volver a ganar la confianza? ¿Qué se necesita para volver a ganar la suficiente confianza para estar emocionalmente desnudo y vulnerable? Bastante sanación con el tiempo. Sabemos esto emocionalmente con cualquier relación que haya sufrido un gran golpe en la confianza. También nuestro cuerpo lo sabe. La Teología del cuerpo reconoce la validez del conocimiento corporal como parte de la bondad de la creación y diseño de Dios.

El sexo es un regalo corporal de sí mismo, involucra tanto desnudez emocional como física. Una gran apertura y vulnerabilidad son necesarias para ser verdaderamente capaces de expresar " *"Te amo tanto que me entrego completamente – cuerpo, mente y alma – a ti, sin ninguna reserva."* Cuando ambos, marido y mujer se entregan uno al otro *sin reserva*, es un maravilloso, hermoso, increíble acto de intimidad, y se siente estupendo.

5. ¿Qué palabras de ánimo o sabiduría puedes tomar de la teología del cuerpo para tu propia vida? ¿Qué ideas puedes usar al ponerlas en práctica esta semana?

Capítulo 19

Obsesión o valoración

A pesar de que no veo mucha televisión, hay algunos programas que realmente disfruto. Una noche, estábamos viendo un episodio muy bueno de "Grey's Anatomy" en el DVR. Algunos juegos deportivos duraron más de lo normal y retrasaron la hora de inicio por unos 10 a 15 minutos, pero el DVR estaba programado para grabar solamente unos 3 minutos adicionales. El programa se cortó en la mitad del clímax.

Yo empecé a gritar "¡No!" con lamentos de dolor dignos de Job. Estoy gritando y maldiciendo la televisión, el evento deportivo, y a toda la gente, lugares y cosas involucradas.

Mi marido simplemente exclama "Eso es decepcionante." Y después de verme vociferar tanto por algunos minutos, finalmente el dice, "realmente necesitas calmarte. Solamente es un programa de televisión. No es el fin del mundo."

No había absolutamente ninguna defensa para la reacción exagerada que tuve. Me molesté con la actitud desdeñosa de mi marido, pero aunque detesto admitirlo, él tenía la razón. En lugar de decepcionarme apropiadamente, estaba más que devastada... por un programa de televisión.

El incidente me hizo darme cuenta de algunos comportamientos obsesivos de los que no estaba consciente ni orgullosa.

~~~~~

Llámalo adicción, apegamiento, compulsión, preocupación, obsesión, dependencia o necesidad...Esa reacción exagerada hacia algo deseado es un problema.

No es un tema nuevo. En 1989, cuando Billy Joel cantó "I Go to Extremes" (Voy a los extremos), estaba confrontando un problema común.[30] Filósofos y teólogos han escrito sobre esto – desde Platón, a las Sagradas Escrituras, a Santo Tomás de Aquino, hasta escritores espirituales contemporáneos como Anthony De Mello. Estamos hablando de la virtud de la templanza.

---

[30] Billy Joel, "I Go to Extremes" ('Me voy a los extremos'), Storm Front. Columbia Records, 1989.

La templanza, prudencia (sabiduría), fortaleza (coraje) y justicia son las cuatro virtudes cardinales. La palabra "cardinal" proviene del latín y significa "bisagra". Estas cuatro virtudes son bisagras que son la entrada de donde se encuentra la vida moral.

La templanza es la moderación de las acciones, pensamientos y sentimientos de uno. Es la práctica de auto control y moderación. La virtud de la templanza se enfoca en movernos de una perspectiva de "todo o nada" a un lugar de balance. (Ver CIC, 1809.)

Cada persona tiene sus éxitos y cosas que se le dificultan – cada uno tiene lo suyo. Considera los siguientes temas y siéntete libre de añadir tu propio tema.

- Dinero
- Poder
- Tecnología: Celular, correo electrónico, Facebook, Twitter, mensajes de texto, internet...
- Medios de comunicación, programas de televisión, películas, noticias, chismes de celebridades, video juegos, libros, revistas...
- Consumismo: comida, dulces, cafeína, alcohol, drogas, cigarros.
- Deportes: equipos de deportes (espectador o atleta), ejercicio, estado físico...
- Interpersonal: sexo, noviazgo, relaciones, planificación de boda...
- Compras: ropa, calzado, bolsas, carros, juguetes...
- Belleza: cabello, uñas, maquillaje
- Perfección: dieta perfecta, mamá perfecta, papá perfecto, casa perfecta, organización perfecta, decisiones perfectas...

Identificar las áreas de éxito con la virtud de la templanza es tan importante como identificar nuestras áreas débiles. Nuestros éxitos nos dan más que afirmación, nos proveen con un entendimiento de lo que es una actitud positiva hacia algo que disfrutamos ver y sentir.

1. En cuanto a la virtud de la templanza, reconoce tus áreas de éxito:
   - Disfruto y tengo una apreciación saludable de _____ sin llegar a apegarme mucho.

2. En cuanto a la virtud de la templanza, reconoce tus áreas de debilidad.
   - Me cuesta trabajo moderarme con _____.

Después de identificar las áreas que se te dificultan, el siguiente paso es tomar una decisión consiente a desarrollar una mejor práctica de la templanza. Al cambiar tu actitud de obsesión a una de apreciación saludable, notarás más *libertad*. Ya no *tienes* que hacer ese algo, sino que tú eliges hacerlo o no.

¿Cómo pasamos de obsesión a templanza? La tradición Cristiana tiene una fuerte historia en la práctica del ascetismo que es la práctica de la disciplina de abstenerse de los placeres mundanos. (Ascetismo a menudo es confundido con el término que suena parecido "estética", la cual es una rama de la filosofía que trata el arte y la belleza).

La práctica de la abnegación en el ascetismo no es virtuosa en sí misma. Sino más bien, es una forma de prueba con el tiempo que quita todas las distracciones de la vida de uno para enfocarse más total y completamente en el camino de la verdad, y la luz que es Dios.

Por ejemplo, toma la práctica de "renunciar a algo" para cuaresma. Y por el bien del argumento, vamos a decir que son las golosinas. Los dulces no son malos. Ni evitar comerlos es virtuoso. Pero si tu actitud para con los dulces va mas allá de "una apreciación saludable…" Si te cuesta trabajo practicar el auto control cuando estas cerca de un tazón de dulces…Si tu deseo por los dulces es exagerado…Puede que consideres la práctica del ascetismo de abstinencia para romper con la dependencia de los dulces.

Rompe el lazo a lo que sea que das un excesivo enfoque, atención, o energía. Porque, de nuevo, no se trata de "eso". Se trata del lugar y posición de poder que le damos a "eso" sobre nuestras vidas. Es de esta forma que practicar la virtud de la templanza (e involucrar la práctica del ascetismo) nos ayuda a respetar el primer mandamiento.

Yo soy Yavé, tu Dios…No tendrás otros dioses fuera de mí. (Éxodo 20:2-3)

Pocos de nosotros tenemos terneros de oro con los que somos tentados a adorar, pero tenemos celulares inteligentes. Son las cosas que ponemos en el lugar "#1" en nuestra vida, las cosas que prestamos cantidad excesiva de energía y atención... Son las cosas con las que nos cuesta practicar la virtud de la templanza que se convierten en obstáculos para el primer mandamiento.

Algunas adicciones son tan poco sanas y lo consumen todo, que requieren de completa abstinencia a largo plazo. Sin embargo, este no es el caso de todo. Por ejemplo, considera la lucha de una persona con el perfeccionismo:

~~~~~

Yo soy una de esas personas que dicen "todo tiene su lugar". Enfocarme en la templanza me ha ayudado a darme cuenta que mientras la limpieza y el orden están bien, no es más importante que estar presente completamente para mis hijos. La organización tiene su lugar en ayudar a que mi vida funcione. Pero no puede tomar el escenario principal sobre pasar tiempo de calidad con mi familia.

~~~~~

No sería útil dejar todos mis esfuerzos por limpiar y organizar. La mejor solución es dejar la adicción a la perfección y vivir una vida más balanceada. La meta es pasar de adicción a valoración.

3. ¿Qué ideas de este capítulo se identifican contigo? Explíca.

4. Identifica un área con la que tengas conflicto en la que tomarás una decisión consciente en desarrollar una mejor práctica de la templanza. ¿Por qué elegiste esta?

5. ¿Qué pasos vas a tomar?

Capítulo 20

La liturgia no es un deporte de espectadores

⁂

Cuando los católicos usan la palabra "liturgia", nuestra intención es indicar algo formal, trabajo público de oración. Hay liturgias eucarísticas (como la misa dominical) y liturgias no eucarísticas (como un bautizo fuera de la misa). La palabra "liturgia" proviene de un término griego que originalmente significaba "trabajo publico" o "trabajo realizado en nombre de la gente." Pero este trabajo de oración nunca fue algo que intentara ser realizado "por" nosotros de nuestra parte, mientras nos sentamos y miramos. "En la tradición cristiana, ['liturgia'] quiere significar que el Pueblo de Dios toma parte en 'la obra de Dios'" (CIC, 1069).

Como Pueblo de Dios, se espera de todos nosotros el participar en la liturgia. La liturgia no es un deporte de espectadores.

1. ¿A qué nivel participas en la liturgia? ¿Hasta qué grado de espectador pasivo te acercas a la liturgia?

Mientras que todo el Pueblo de Dios es llamado a una "participación plena, consciente y activa en las celebraciones litúrgicas" (CIC, 1141), no todos tenemos la misma función.

> Miren cuántas partes tiene nuestro cuerpo, y es uno, aunque las distintas partes no desempeñan la misma función. (Romanos 12:4)

Los sacerdotes y diáconos tienen un rol especial en el servicio a la comunidad, particularmente cuando se trata de la liturgia y los sacramentos. La manera en la que entendemos el *liderazgo*, sin embargo, tiene un tremendo impacto en como entendemos el rol de los sacerdotes y la responsabilidad de los fieles en ambas, la liturgia y los sacramentos.

2. Piensa en *el/la mejor* maestro(a), líder o jefe con el/la que has trabajado. ¿Quién fue? ¿Qué fue que lo/la hizo tan gran líder? Por el contrario, piensa en la experiencia con alguien que haya sido un líder *mediocre*, maestro(a) o jefe. ¿Cuáles fueron las características o comportamientos que a tu parecer lo hicieron así?

Los buenos líderes toman el tiempo, esfuerzo y energía en enseñar e incentivan a la gente. Animan la creatividad y aprecian las fortalezas individuales. Los buenos líderes facilitan el crecimiento, a menudo permitiendo que la gente cometa errores y aprendan de ellos. Practican buenas estrategias de comunicación, tanto en darse a entender como en entender a los demás. Se preocupan por su gente, y su gente lo sabe. Buenos líderes valoran la responsabilidad, honestidad, integridad y el trabajo arduo. Ofrecen ayuda cuando se necesita. Trabajan en crear una atmósfera de respeto mutuo. Toman el liderazgo como una forma de servicio al mantener una perspectiva amplia de la misión y la visión.

Por el otro lado, encontramos muy fácilmente el quejarnos de los líderes "mediocres" que tienden a controlar cada aspecto de trabajo de la gente. Su estilo de liderazgo hace sentir a la gente que son poca cosa e insignificantes – como un engranaje reemplazable en una rueda. Los líderes mediocres controlan a los demás a través del miedo o manipulación y a menudo son egocéntricos, arrogantes yególatras. Ya sea que tengan una mentalidad estrecha o demasiado estricta, su estilo de liderazgo disminuye la libertad y la creatividad.

Nota que esta lista describe a un líder "mediocre", no un "mal" líder con intenciones maliciosas o a algún dictador "malvado".

El liderazgo del Buen Pastor

Hablamos de los sacerdotes y obispos en nuestra Iglesia como de pastores del rebaño. Observa la manera en la que la Escritura usa la imagen de un pastor para explicar cómo es Dios y como Dios se relaciona con nosotros. Tres pasajes específicos vienen a la mente: Salmo 23, La parábola de la oveja perdida (Mateo 18:12-14, Lucas 15:1-7) y Juan 10:1-16.

> El Señor es mi pastor: nada me falta; en verdes pastos él me hace reposar. A las aguas de descanso me conduce, y reconforta mi alma. Por el camino del bueno me dirige, por amor a su nombre. Aunque pase por quebradas oscuras, no temo ningún mal, porque tú estás conmigo con tu vara y bastón, y al verlas voy sin miedo. (Salmo 23:1-4)

> Si alguno de ustedes pierde una oveja de las cien que tiene, ¿no deja las otras noventa y nueve en el desierto y se va en busca de la que se le perdió hasta que la encuentra? Y cuando la encuentra, se la carga muy feliz sobre los hombros, y al llegar a su casa reúne a los amigos y vecinos y les dice: "Alégrense conmigo, porque he encontrado la oveja que se me había perdió." Yo les digo que de igual modo habrá más alegría en el cielo por un solo pecador que vuelve a Dios que por noventa y nueve justos que no tienen necesidad de convertirse (Lucas 15:4-7)

> Yo soy el Buen Pastor. El buen pastor da su vida por las ovejas. No así el asalariado, que no es el pastor ni las ovejas son suyas. Cuando ve venir al lobo, huye abandonando las ovejas, y el lobo las agarra y las dispersa. A él sólo le interesa su salario y no le importan las ovejas. (Juan 10:11-13)

El Buen Pastor ama, cuida y guía a sus ovejas, él no gobierna *sobre* ellas. El protege y las busca cuando se pierden. El Buen Pastor es el modelo a seguir de liderazgo que Jesús nos da. Es un modelo a seguir de orientación y no de controlarlo todo.

La liturgia y los sacramentos con el Buen Pastor

El modelo a seguir de liderazgo que Jesús ofrece en el Buen Pastor es uno que ánima, cultiva, y alimenta nuestra participación en el trabajo público de oración en la liturgia. El Buen Pastor también nos invita a participar en el don de la gracia en los sacramentos

Los sacramentos no son cosas mágicas que nos suceden. Una forma de pensar del liderazgo del Buen Pastor es pensar en la liturgia y los sacramentos, que se han convertido en una frase célebre:

Sin nosotros, Dios no puede.
Sin Dios, nosotros no podemos.

Sin nosotros, Dios no puede. Jesús es el Buen Pastor. El no controla toda nuestra experiencia de fe. El nos invita a participar con él en el poder transformador de la gracia de Dios.

Sin Dios, nosotros no podemos. Necesitamos de la gracia de Dios. No podemos hacerlo sin la ayuda de Dios.

El Buen Pastor no quiere guiar. Pero para que realmente funcione, también tienes que querer tú.

3. Cuando se trata de nuestro entendimiento de la liturgia y los sacramentos, es importante que revisemos nuestras expectativas ¿Esperas que el sacerdote controle nuestra experiencia y haga que suceda por nosotros? ¿O entras hacia la experiencia de la liturgia y los sacramentos esperando el liderazgo del Buen Pastor que nos da autoridad para participar en recibir la gracia de Dios?

4. ¿Qué parte de este capítulo te habló más? ¿Por qué?

5. ¿Qué cambio(s) te sientes llamado a hacer? ¿Por qué? ¿Qué pasos tomarás para lograr que sucedan?

Capítulo 21

La Eucaristía

▲

La Eucaristía ocupa un lugar muy especial en nuestra fe como el "sacramento de los sacramentos" (CIC, 1211).

1. Enfócate en tu propia experiencia al recibir la Eucaristía. ¿Hubo alguna vez en la que añoraste la Eucaristía? ¿Hubo un tiempo que la Eucaristía te trajo sanación o amor? ¿Qué significa para ti recibir la Eucaristía?

Los evangelios de Mateo, Marcos y Lucas describen como Jesús nos dio el regalo de sí mismo en la Última Cena.

> Después tomó pan y, dando gracias, lo partió y se los dio diciendo: "Este es mi cuerpo, que es entregado por ustedes. Hagan esto en memoria mía."
> Hizo lo mismo con la copa después de cenar, diciendo: "Esta copa es la alianza nueva sellada con mi sangre, que es derramada por ustedes". (Lucas 22:19-20)

La real, verdadera presencia de Cristo nos fue dada en la Eucaristía.

Inclusive al llamarla Eucaristía, reconocemos la presencia como un regalo por el que tenemos que agradecer a Dios. La palabra griega *eucharistein* significa "acción de gracias" (CIC, 1328). Cuando la llamamos Santa Comunión, también estamos reconociendo como es que este regalo de presencia divina nos une en comunión con Cristo y con los demás.

El regalo de la presencia de Cristo en la Eucaristía es tan profundo que la Iglesia se refiere a él como "fuente y cima de toda la vida cristiana" (*LG* 11; cf. *CIC,* 1324). La palabra "fuente" hace referencia al principio o lugar de origen, y la "cumbre" se refiere al punto más alto de aspiración. La Eucaristía es ambas, tanto donde comienza nuestra fe como donde alcanza su máxima expresión.

~~~~~

Kathleen recuerda añorar la Eucaristía cuando era niña: En una misa en la escuela, mientras caminaba para recibir, mi corazón empezó a latir más y más rápido. Estaba muy ansiosa y emocionada por pasar. ¡Iba a recibir a Jesús! El sacerdote colocó la hostia en mis manos y me llené de alegría. ¡Aquí estaba Jesús en mis manos, que venía a mí! El sacerdote debió haberlo notado, porque me dio una palmadita en la muñeca."

~~~~~

Alicia y su esposo habían estado casados por 17 años antes de convalidar su matrimonio. "No recibí la comunión durante todo ese tiempo. Cuando al fin hicimos la convalidación, estaba muy lista para recibir la comunión. Simplemente quería tomar todo 'el Jesús' que pudiese tomar. Solo quería llegar y tomar todo el ciborium lleno de hostias de las manos del sacerdote. Pero más que eso, por mucho tiempo después (y una que otra vez, hasta el día de hoy) al recibir la comunión lloro incontrolablemente. No estoy triste…tengo una paz total. Estoy abrumada con amor… Me siento tan humilde porque Jesús miró por mí, y éste es su cuerpo. Él está conmigo. No lo puedo explicar. No puedo evitar que suceda. Todo lo que sé es que es un regalo.[31]

~~~~~

Mo explica "Cuando recibo la Eucaristía, me alimento. Físicamente, mi espíritu salta. Cuando tengo el privilegio de la responsabilidad de servir como ministro extraordinario de la Santa Comunión, mi espíritu toca el espíritu de cada persona a la que sirvo. Es un gran regalo.

~~~~~

Para Donna, "La frase 'mi cáliz esta rebosando' describe muy claramente mis emociones. Siento el amor del Señor derramarse cada vez que digo, 'El cuerpo de Cristo'".

~~~~~

2. ¿Cómo experimentas el regalo de la presencia de Dios – la Eucaristía – en tu vida?

---

[31] Las parejas que no están casadas por la Iglesia, pero que quieren que su unión sea validada por la Iglesia en una fecha futura lo hacen por medio de la "convalidación". Hay una variedad de razones por la cual la pareja no tenga su matrimonio reconocido oficialmente por la Iglesia al intercambio inicial de votos. Muchas (sin embargo no todas) las circunstancias involucran un divorcio o se requiere de una anulación.

Cuando llamamos a la Eucaristía regalo, reconocemos que es un regalo *de Dios*, que se *nos* es dado. Este regalo poderoso tiene el potencial de transformarnos, pero necesitamos recibirlo.

Mira como Jesús invita a los apóstoles a esta transformación en el evangelio de Juan. Donde los otros evangelios describen la institución de la Eucaristía en la ultima cena, Juan nos provee el lavado de pies (Juan 13:1-20). Se piensa que Juan pasa directamente al significado de la Eucaristía al describir este acto de servicio humilde.

> Pues si yo, siendo el Señor y el Maestro, les he lavado los pies, también ustedes deben lavarse los pies unos a otros. Yo les he dado ejemplo, y ustedes deben hacer como he hecho yo. (Juan 13:14-15)

El "Discurso de la Ultima Cena" le sigue al lavado de los pies. Aquí es cuando Jesús enfatiza la llamada a *amarse unos a otros como yo los he amado* (Juan 13:34). Jesús nos manda a vivir en su amor y nuestra alegría será completa (Juan 15:10-11).

A través del precioso regalo de la Eucaristía, Jesús nos transforma en Él mismo: vivir, servir y amar como Él lo hizo. Sin embargo, recuerda que Jesús es el Buen Pastor, no un jefe que hace todo (ver Capítulo 20). Dios no hará esto sin nosotros. Estamos invitados a participar en el poder transformador de la gracia de Dios. No nos sucede *a nosotros*. Sucede *con* nosotros. Necesitamos ser receptivos a cooperar con el regalo de la gracia.

~~~~~

JoAnn recuerda cuando su marido con el que había estado casada por 25 años le comunicó su decisión de dejarla a ella y a sus cuatro hijos. "No le había dicho a mucha gente, simplemente no sabía cómo hablar de ello. Mi hijo adolescente tenía un partido y necesitaba que le llevara algo de comer, así que pasé a una tienda. Una vecina que tenia niños de la misma edad que los míos me vio y – siendo amistosa – me preguntó casualmente como iban las cosas. Empecé a llorar, gimiendo y sollozando a tal punto que tuvo que acompañarme afuera. No puedo decir porque me sucedió esto con ella. Pero cuando regresé al partido de mi hijo, de algún modo fui capaz de manejarlo. Para mí, la Eucaristía es como el Sagrado Corazón de Jesús, ¿sabes cómo te sostiene en su mano? Con la Eucaristía, eres capaz de sostener el corazón de alguien más en tus manos por un momento…sostienes su dolor. La gente que no tiene a Cristo, no puede hacer esto."

~~~~~

Dan trabajaba en Lowe's cuando un señor entró y le empezó a hacer preguntas sobre echar cemento. "Cuando le pregunté por mas información, el señor paró, me miró y me dijo que su esposa acababa de fallecer. Le empecé a contar como unos años atrás, yo había perdido a mi esposa…dos desconocidos en medio de Lowe's. Terminé con cargar su agobio por un momento. Ni siquiera lo conozco. Eso es la Eucaristía."

En *Catechism for Adults (Catecismo para Adultos)*, cuando los obispos de E.U.A hablan sobre como la Eucaristía tiene el poder de transformarnos, enfatizan nuestra receptividad. Una forma de lograr esto es rezar "Señor, tómame. Bendíceme. Quebrántame. Hazme parte de tu salvación, regalo de sacrificio para las necesidades espirituales y corporales del mundo."[32]

Semejante transformación poderosa toma tiempo. Después de todo, Cristo está transformándonos en sí mismo, no al revés.

3. ¿Has experimentado o sido testigo del poder transformador de la Eucaristía?

4. ¿Qué ideas de este capítulo te hablan más en este momento? ¿Por qué?

5. ¿Qué vas a hacer para ser más receptivo a la participación en el poder transformador de Cristo?

---

[32] Conferencia de obispos católicos de los Estados Unidos de América (USCCB) (2012-04-02). Catecismo católico de los Estados Unidos para adultos (Portal Kindle 3380-3383). Edición Kindle.

Capítulo 22

Servicio y justicia

Hace años, llevé a un grupo de estudiantes de preparatoria a trabajar en un orfanato en México. Además de llenar a los niños con atención y afecto, hicimos varios proyectos para mejorar sus casas – desde limpiar hasta pintar y arreglar. La pobreza era asombrosa. Mientras que ayudamos tanto físicamente como financieramente, era muy claro que nuestra caridad no iba a llevar un cambio real y duradero.

Esa tarde nos juntamos en círculo para hacer nuestra reunión del viaje y hablar sobre el proceso de nuestro día. Un estudiante, Travis, estaba extremadamente en conflicto: "Me siento muy bien conmigo mismo, pero me siento culpable al sentirme así. Tenemos tanto, y ellos tienen tan poco. Simplemente no tiene sentido, no me gusta el hecho de que me sienta tan bien conmigo mismo."

~~~~~

Es común oír a la gente decir que se "siente bien" cuando sirven. Después de todo, se siente bien hacer buenas obras. Es importante que no descartemos esto como si fuera egoísta o algún tipo de sentido equivocado de "superioridad" porque desde la perspectiva cristiana, esto es mucho más profundo.

Servir en el nombre de la justicia se siente bien porque cuando lo hacemos, participamos en verdadero amor *ágape*. Jesús nos llamó a amarnos los unos a los otros como él nos amó (Juan 13:34, 15:12). Esto no fue una lista de tareas, sino una invitación. El acto de entrega desinteresada en el servicio (y en el amor) se siente genial porque en él, experimentamos lo divino.

1. Menciona alguna vez en la que fuiste voluntario a hacer un servicio y te llenaste del sentimiento de "se siente bien".

El llamado al servicio y justicia está basado profundamente en la Escritura y tradición, aun así la enseñanza social Católica es comúnmente referida como "nuestro secreto mejor guardado" porque la mayoría de la gente no se da cuenta que incluso hay una conexión entre fe y justicia.[33]

Antiguo Testamento

El llamado a la justicia se extiende por todo el antiguo testamento. Mientras el pueblo judío aprendía a convertirse en pueblo de Dios, ellos aprendían que Dios es un "Dios de justicia" (Is 30:18), y la justicia de Dios se preocupa por dar preferencia a los pobres (Salmo 140:12). La palabra hebrea usada más comúnmente para "pobre" en el antiguo testamento es *anawim*, que se refiere a los huérfanos, viudas y extranjeros. En esa cultura, estos tres grupos estaban sin lazos que generaran ingresos de la tierra y por lo tanto, no eran capaces de proveer para sí mismos. Sin la asistencia de la comunidad, los *anawim* hubieran tenido hambre y hubiesen perecido.[34]

Los profetas continuamente llaman al pueblo de Israel a cuidar a los pobres. Ambos Isaías y Miqueas critican a la gente que solo siguen formalidades rituales de adoración mientras dejan de cuidar de los pobres (ver Isaías 58:1-8 y Miqueas 6:1-8). Miqueas explícitamente le dice al pueblo de Israel que lo que Dios quiere es simplemente que actuemos con justicia, amar con bondad, y caminar humildemente con Dios (Miqueas 6:8)

2. ¿Qué es lo que sobresale acerca del llamado hacia la justicia en el antiguo testamento? Explica porque.

---

[33] Esta expresión es usada muy a menudo entre los teoristas que escriben acerca de las Enseñanzas Sociales Católicas. Mas explícitamente, la frase fue usada en un excelente recurso por Peter J. Henriot, Edward P. DeBerri y Michael J. Schultheis, titulado *Catholic Social Teaching: Our Best Kept Secret* (Center of Concern, Washington D.C., 2001, org. 1985).

[34] La referencia de la escritura que usaré en este capítulo viene de mi libro: *Living the Vision: A Pastoral Guide to Service Learning in Catholic High Schools* (*Viviendo la visión: una guía pastoral al aprendizaje de servicio en las preparatorias católicas*) (Lulu, 2008). Como está indicado en éste, escribí este libro como un recurso profesional, para asistir a las preparatorias en la formación de los programas de aprendizaje de servicio que están conectados al llamado de la justicia en la Escritura y la tradición. En el Capítulo 2, di una explicación detallada de la fundación teológica del llamado a la justicia.

Nuevo Testamento

El llamado hacia la justicia continúa en el antiguo testamento. Al principio de su ministerio, cuando Jesús se dirige a la sinagoga a leer, elige intencionalmente proclamar palabras específicas de Isaías para llamar la atención para liberar a los pobres y a los oprimidos:[35]

> El Espíritu del Señor está sobre mí. El me ha ungido para llevar buenas nuevas a los pobres, para anunciar la libertad a los cautivos y a los ciegos que pronto van a ver; para despedir libres a los oprimidos y proclamar el año de gracia del Señor. (Lucas 4:18-19)

En el "mandamiento más importante" (Mateo 22:34-40) se nos recuerda amar a Dios y al prójimo.[36] En la parábola del buen samaritano (Lucas 10:29-37), Jesús se toma tiempo para explicar que "ser un prójimo" significa cuidar de la gente necesitada. ¿Quién es mi prójimo? Cualquiera en necesidad. En Mateo 24 lo lleva incluso más lejos, conectando la justicia con nuestra salvación.

> Porque tuve hambre y ustedes me dieron de comer; tuve sed y ustedes me dieron de beber. Fui forastero y ustedes me recibieron en su casa. Anduve sin ropas y me vistieron. Estuve enfermo y fueron a visitarme. Estuve en la cárcel y me fueron a ver." Entonces los judíos dirán: "Señor, ¿cuándo te vimos hambriento y te dimos de comer, o sediento y te dimos de beber? ¿Cuándo te vimos forastero y te recibimos, o sin ropa y te vestimos? ¿Cuándo te vimos enfermo o en la cárcel y fuimos a verte? El Rey responderá: "En verdad les digo que, cuando lo hicieron con alguno de los más pequeños de estos mis hermanos, me lo hicieron a mí." (Mateo 25:35-40)

No lo olvidemos, la carta de Santiago recuerda a los creyentes sobre la importancia del mensaje de Jesús: fe sin obras (Santiago 2:17).

---

[35] Lucas 4:17 dice que cuando a Jesús le fue dado el manuscrito de Isaías, el 'encontró el pasaje en el que estaba escrito'. Esta no era la 'lectura del día' a la que los católicos estamos acostumbrados por el Leccionario. Jesús buscó y encontró los pasajes de Isaías 61:1-2 y 58:6, los fusionó e intencionalmente los proclamó.

[36] En *Viviendo la visión*, cuando expongo 'El más grande mandamiento', explico que, 'las palabras de Jesús están en continuidad con las tradiciones judías (Dt 6:4-5; Lv 19:18) y resume todo el decálogo (Ex 20:1-17). La esencia de las enseñanzas cristianas es éste mensaje dual de amor, en el cual amamos a Dios amando a nuestro prójimo'.

3. ¿Qué es lo que sobresale acerca del llamado hacia la justicia en el nuevo testamento? Explica porque.

Enseñanza social Católica

Mientras que el llamado a la justicia siempre ha sido parte de la tradición cristiana, ha sido realmente durante los últimos 125 años que la iglesia le ha dado bastante importancia al identificar los "principios" de las Enseñanzas Sociales Católicas y animar a los fieles a aplicarlas en su contexto cultural.[37]

Con este fin, el Sínodo Mundial de Obispos a cargo del Papa Pablo VI en 1965 para ayudar a la Iglesia a atender "los signos de los tiempos"[38] y responder a las necesidades del mundo. En 1971, El Sínodo Mundial de Obispos escribió *Justitia in Mundo* (Justicia en el Mundo), y definitivamente declara que trabajar por la justicia es clave para nuestra fe.

> La acción en favor de la justicia y la participación en la transformación del mundo se nos presenta claramente como una dimensión constitutiva de la predicación del Evangelio, o en otras palabras, de la misión de la Iglesia para la redención de la raza humana y la liberación de toda situación opresiva. (*JM* 6).

En 1998, los obispos de E.A.U. escribieron *Sharing Catholic Social Teaching: Challenges and Directions* (Compartiendo las enseñanzas sociales Católicas: Retos y direcciones) con la intención de ayudar a los fieles católicos a identificar los 7 temas clave de justicia social que pueden ser encontrados en el patrimonio de los documentos de la Iglesia.

La **"vida y la dignidad de la persona"** debe estar presente desde el momento de la concepción natural hasta el momento de la muerte natural, y todo lo que pueda estar en medio.

---

[37] En *Living the Vision (Viviendo la visión)*, cuando presento la enseñanza católica social, ofrezco una más detallada explicación de por qué la Iglesia no siempre se ha enfocado en el llamado a la justicia. "Con toda la visión holística de Jesús por la plenitud de la vida en el mundo, el mensaje del Reino de Dios no era la preocupación central de los apóstoles en el siglo primero. Después de la muerte y resurrección de Jesús, el establecimiento de la Iglesia para proclamar a Jesús como el Cristo se convirtió en el enfoque de los discípulos. Aunque la caridad y las obras de misericordia siempre fueron parte de la tradición cristiana, hasta finales del siglo 19, el énfasis continuó en el establecimiento de la Iglesia, no el establecimiento del Reino de Dios… que pasó a finales del siglo 1891, el Papa Leo XIII, escribió *Rerum Novarum*, "La situación de los obreros". Este documento fue el primero en su tipo, y preparó el camino, por así decirlo, para lo que se refiere a la Enseñanza católica social. En los cientos (y tantos) años que le siguieron a *Rerum Novarum*, en papado y los obispos seguían el ejemplo del Leo XIII de aplicar principios cristianos de la dignidad humana y el bien común a las circunstancias del día."

[38] La expresión "signos de los tiempos" viene del documento *Gaudium et Spec* (4) del Segundo Concilio Vaticano.

El **"Llamado a la familia, a la comunidad y a la participación"** respeta la naturaleza social de la humanidad. Tenemos que apoyar (no amenazar) a la familia como la institución social central. También tenemos que apoyar el derecho y responsabilidad de cada persona a participar en su comunidad. Ambas son necesarias, responsabilidad personal *y* responsabilidad social.

Los **"derechos y deberes"** de cada ser humano deben ser respetados, protegidos y cumplidos. Cada persona tiene el derecho fundamental a la vida y a las necesidades humanas básicas.

La **"opción por los pobres e indefensos"** toma el mensaje de "más pequeños de estos mis hermanos" de Mateo 25:40, y se entiende cómo decisiones económicas, sociales y políticas sean tomadas, tenemos que poner primero las necesidades de los pobres y vulnerables.

La **"dignidad del trabajo y los derechos de los trabajadores"** es el principio que insiste que los seres humanos siempre prefieren la presencia sobre los ingresos. "La economía debe servir a la gente, no al revés. El trabajo es más que una forma de ganarse la vida; es una forma de continua participación en la creación de Dios" (CESC).

La **"Solidaridad"** es el principio que apunta a la interconexión de todos los seres humanos; somos una sola familia humana. *Somos* los cuidadores de nuestros hermanos y hermanas. "Aprender a practicar la virtud de la solidaridad significa que 'amar al prójimo' tiene una dimensión global en un mundo interdependiente" (CESC).

El **"cuidado de la creación de Dios"** reconoce que nuestra Tierra es creación de Dios. La humanidad tiene la responsabilidad dada por Dios de ser los administradores de la Tierra. Mostramos respeto por nuestro creador al cuidar bien de Su creación. "Este desafío ambiental tiene dimensiones morales y éticas fundamentales que no pueden ser ignoradas" (CESC).

Es importante que escuchemos el llamado de las enseñanzas sociales católicas como una de "ciudadanía fiel". En eso, la Iglesia no aprueba un partido en particular. Mejor dicho, reta a los dos partidos a practicar la justicia social.

4. ¿Qué aspecto de la enseñanza social católica resalta más para ti? ¿En qué maneras te sientes reafirmado? ¿En qué maneras te sientes retado? Explica porque.

La clave para vivir el llamado a la justicia es ver que cada vez que servimos *a los más pequeños* de nuestros hermanos y hermanas, estamos sirviendo a Dios. Tenemos que hacer lo que podamos con lo que se nos fue dado.

~~~~~

Laurie estaba de voluntaria en una despensa de alimento para SafePlace, una organización que provee seguridad y sanación para gente y familias que han vivido violencia doméstica y/o abuso sexual, ayudando a los residentes ir de "compras" para sus familias para la semana. Había un pequeño niño que acompañaba a su mamá en la fila. Cuando pidieron cereal, y vio que la única opción era uno insípido, 100% fibra, empezó a llorarle a su mamá "No quiero este tipo de cereal, quiero nuestro cereal normal. ¿Por qué tenemos que estar aquí? Solo quiero regresar con mi papá." La devastación emocional de cada mujer en el cuarto se podía sentir.

"Son las pequeñas cosas que damos por sentado que pueden traer tanta alegría sencilla para aquellos que están tan quebrantados y vulnerables" dijo Laurie. Más tarde esa noche, ella publicó una simple solicitud a sus amigos locales en Facebook. Además de cereal y mezcla para hotcakes para niños, las mamás querían palomitas de maíz, papitas para las noches de película, y como algo extra especial, algunos pasteles de caja y mezcla para hacer galletas.

~~~~~

La simple y específica solicitud de Laurie ayudó directamente a la generosidad de los "donantes" satisfacer los deseos y necesidades de los "destinatarios." Pero también hizo un gran servicio al sensibilizar los problemas sociales alrededor de la violencia doméstica, así como ofrecer tanto un modelo como guía a sus más de 300 amigos de Facebook, algunos de los que nunca hubieran considerado las dificultades que enfrenta una víctima de violencia doméstica.

~~~~~

Cuando Laurie le contó esta historia a su mamá, no se sorprendió por la generosa oferta de su mamá de financiar una ronda de "golosinas" para la despensa alimenticia. Pero pensándolo, Laurie hizo una pregunta importante: Es genial que mi mamá les compre provisiones este mes, pero, ¿qué hay del siguiente mes?

~~~~~

La pregunta de Laurie apunta a la diferencia entre "caridad", que alivia temporalmente la carga de una crisis, y "justicia" verdadera que traen un cambio duradero. La enseñanza social católica afirma que las dos se necesitan. La justicia debería ser siempre a lo que estemos trabajando a la larga, pero mientras tanto la caridad es esencial. En la caridad, encontramos infinitas formas de ayudar a aquellos necesitados.

> Hay diferentes dones espirituales, pero el Espíritu es el mismo. Hay diversos ministerios, pero el Señor es el mismo. Hay diversidad de obras, pero es el mismo Dios quien obra todo en todos. (1 Corintios 12:4-6)

Como organización, SafePlace está comprometida a educar a la comunidad para romper el ciclo de violencia, pero mientras tanto se apoyan de voluntarios para ayudar a familias en crisis. Todo lo que Laurie estaba haciendo para SafePlace es importante, desde ser voluntaria, hasta crear conciencia contando historias y solicitando donaciones en Facebook. Pero ella no está en una situación financiera que le permita llenar la despensa de alimentos. Eso está bien. Hay varias partes. Todos somos un cuerpo. Sin el tiempo para comprar y someterse al entrenamiento para ser voluntario, su mamá donó dinero. Eso era todo lo que podía hacer en su posición en ese momento. Eso está bien. Hay varias partes. Todos somos un cuerpo.

Cuando se trata de servir – cuando se trata de una fe que hace justicia – necesitamos evitar los dos extremos inútiles: de un lado, no estar tentado a pensar que *todo depende de ti* para hacer todo. A eso es lo que le llamamos el complejo de Mesías. Y honestamente, ya tenemos uno de esos. Del otro lado, no piensen que solo hay una manera de ayudar. Haz lo que puedas. Donde puedas. Cuando puedas. Hay varias partes. Todos somos un cuerpo.

5. ¿De qué maneras estás trabajando actualmente por la justicia o ayudando a aquellos en necesidad con caridad?

6. El llamado a la justicia abarca varios ámbitos de la vida. ¿Hay algún nuevo compromiso al que te sientas llamado a cumplir? ¿Qué pasos vas a tomar?

Capítulo 23

Verdad y mentiras

⬥

No atestigües en falso contra tu prójimo (Éxodo 20:16)

El octavo mandamiento nos llama a respetar la verdad. Dios es el Dios de verdad. Jesús nos dice: "Yo soy el Camino, la Verdad y la Vida" (Juan 14:6). Respetar la verdad y la honestidad son los fundamentos para buenas relaciones, lo que significa que tenemos que *ser veraces* y ser honestos en *buscar* la verdad. Tenemos que compartir la verdad con amor y bondad, mientras respetamos la privacidad y dignidad de todos los involucrados.

Por varias razones diferentes, cada uno de nosotros tiene su propia lucha con la verdad.

~~~~~

Ashley recuerda una historia de su juventud. "Estaba en 5⁰ grado, y estaba falsificando el nombre de mi mamá en mis papeles. Todo comenzó porque simplemente olvidé que me firmaran un papel y no quería meterme en problemas, pero después seguí haciéndolo con todos los papeles – una buena y mala idea. En la junta de maestros con los papás, mi mamá vio uno de los papeles, me descubrió y me confrontó. Y fue ahí cuando una sola mentira se convirtió en una telaraña de mentiras para cubrir la primera. Primero, le dije a mi mamá que si lo firmó, que simplemente se le había olvidado. Pero mi mamá era más lista que eso y no me creyó. Parte de mi castigo fue ir a decirles a mis maestras lo que había hecho. En lugar de ir a decirles, continué mintiendo. Llegué a mi casa y le dije a mi mamá todo lo que quería oír: que la maestra estaba muy molesta y desilusionada, pero contenta de que había aprendido la lección y que nunca más lo haría. Mi mamá me creyó, y pensó que eso era el final. Entonces mi mamá se encontró a Mrs. Opfer, una de mis maestras, mientras caminaba en su vecindario. Cuando mi mamá comenzó a hablar de la falsificación y responsabilidad, Mrs. Opfer no tenía idea de lo que ella estaba hablando. Al siguiente día, cuando la vi en la escuela, Mrs. Opfer me dijo cuan decepcionada y lastimada estaba. Había destruido su confianza – no por la primera mentira, sino por la serie de mentiras que le siguieron. Nunca olvidaré lo que me dijo; 'la verdad es como un árbol, cuando lo cortas toma bastante tiempo para que vuelva a crecer.' Todos estos años y todavía me da vergüenza de lo que hice. Nunca olvidaré la lección. Hasta este día, la verdad es una de los cosas más importantes para mí en cada una de mis relaciones."

~~~~~

1. ¿Cuál es tu actitud hacia la verdad y la mentira? ¿Por qué te sientes de esta forma? ¿Quién o qué te influenció?

"¿Qué es lo que exactamente queremos decir con "una mentira"?
El *Catecismo* usa las palabras de San Agustín: "Una *mentira* consiste en decir falsedad con intención de engañar" (CIC, 2482). Hay mentiras grandes y pequeñas, "mentiras blancas" y por supuesto la *"gravedad de una mentira se mide según la naturaleza de la verdad que deforma"* (CIC, 2482). Aunque la intención de la mentira y las circunstancias que lo rodean se tienen en cuenta, no es correcto hablar de una falsedad de cualquier nivel porque las mentiras – grandes y pequeñas – corroen la confianza fundamental en una relación.

Es fácil para nosotros ver el mal de las mentiras grandes. Dar falso testimonio bajo juramento (perjurio) compromete la justicia. Adulterio y robo, ambas, incluyen mentiras y violan los mandamientos en su propia manera.

Para mentiras pequeñas, sin embargo, tendemos a racionalizar nuestra responsabilidad de defender la verdad. Honrar el octavo mandamiento requiere un poco de la virtud de la fortaleza (o valentía) junto con la virtud de la prudencia (o sabiduría).

Chisme

La mayoría de nosotros – hombres y mujeres por igual – lidiamos con el chisme a algún nivel. Muchos de nosotros clasificamos el chisme como divulgar verdades, pero se trata más de abusar, manipular y faltar el respeto a la verdad. De hecho, el chisme tiene tres niveles, los cuales la tradición les llama; calumnia, manipulación y faltar al respeto a la verdad. (ver CIC, 2477). La calumnia es lo que la mayoría piensa cuando escucha la palabra chisme: divulgar falsos rumores con la intención de dañar la reputación de otro. Obviamente esto es incorrecto, aun así la gente trata de justificar la acción al pensar que la persona se merece tan duro trato. Los cristianos estamos llamados a amar a nuestro enemigos y rezar por aquellos que nos persiguen (Mateo 5:44). La venganza nunca es algo moralmente permisible.

Juzgar duramente es el tipo de chisme que simplemente incluye sentenciar. Esto sucede cuando estamos en el extremo receptor con información de segunda mano, que usamos para juzgar el carácter de alguien. *Escuche "x cosa" de "y"*. Cuando asumimos que la información de la tercera persona es verdad y encontramos defectos en el carácter moral de los demás, somos culpables de chismes. Juzgar duramente viola el octavo mandamiento porque deshonra la fuente de la verdad, daña la reputación de la otra persona, y corroe la verdad.

Difamación implica revelar información privada sobre alguien sin una buena razón. Hacemos esto cuando nos quejamos y ventilamos los defectos y fallas de alguien con una tercera persona. – particularmente cuando revelamos detalles, sabiendo que no estamos preguntando por un consejo o como solucionar un problema. ¿Cuántas veces hemos hablado de la vida personal de otra persona sin su consentimiento? ¿Qué tan a menudo hemos sido "fisgones", buscando detalles sobre cosas que no nos incumben? La información privada no debe ser divulgada sin una buena razón (CIC, 2491). A veces esto se hace incluso bajo el pretexto de la oración. Como un juicio duro, la difamación daña la reputación de otra persona y destruye la confianza.

Evitar el chisme es difícil cuando nos involucramos en conversaciones con otros que regularmente "hablan de otros" ya sea juzgando o calumniando. Toma fortaleza y prudencia responder con firmeza, pero bondadoso amor. Ya sea que terminemos la plática con un amable *"No me siento cómodo hablando de esto"* o insistiendo en involucrar directamente a la persona en cuestión, respetar el octavo mandamiento significa rechazar el participar en el chisme.

2. ¿De qué forma tenemos conflicto con el chisme? Recuerda los "papeles que las personas juegan" del capítulo 12: blanco, autor, espectador y aliado. ¿Cuándo se trata de cada forma de chisme, que papel has jugado tu?

Comunicación amorosamente honesta

Otra área de decir la verdad que a la gente le cuesta trabajo es ser "amorosamente honesto." A veces nos enfocamos en "amor" a cuestas de "verdad", y justificar la mentira porque no queremos herir sentimientos. O podemos justificar que estamos haciéndole un favor a la persona al "protegerle" de la verdad. En algunos casos, inclusive podemos justificar que es más fácil mentir que lidiar con las consecuencias de decir la verdad. Lo que no consideramos es el impacto negativo que tiene la deshonestidad: daña la relación de la persona con la verdad (CIC, 2483), lastima la confianza entre las personas y "rompe el tejido de las relaciones sociales" (CIC, 2486).

La verdad y la honestidad son el fundamento de las relaciones. Tenemos el derecho de esperar una comunicación veraz, y tenemos la responsabilidad de responder con honestidad amorosa. Así mismo, tenemos que conseguir el hábito de esperar respuestas veraces a las preguntas que hacemos. Si no queremos (o no podemos manejar) la verdad, entonces somos parte del problema.

Mientras que a unos se les dificulta ser honestos con su comunicación, otros no tienen problemas diciendo la verdad. Aquí, nos enfocamos en "la verdad" a cuestas de "el amor" y luchamos al comunicar honestamente con bondad y tacto. Ser "directo" es una mescla de falta de amor, así como falta de prudencia de como, cuando, donde y *si* entregar un mensaje de verdad.

Vale la pena para a considerar *si* uno debe de dar un mensaje de verdad. No tenemos un derecho incondicional a información, algunas cosas son privadas o no son tus cosas para compartir. El octavo mandamiento no nos da permiso a ciegas para dispersar la verdad. "Esto exige, en la situaciones concretas, estimar si conviene o no revelar la verdad a quien la pide." (CIC, 2488)

3. ¿Qué tan bien practicas (o que tanto te cuesta) la comunicación amorosamente honesta? ¿te cuesta más ser veraz o ser amoroso?

4. ¿A quién conoces que logre practicar esto con gracia? ¿Qué puedes aprender de su ejemplo?

Acciones y palabras verdaderas

Honramos la verdad cuando somos testigos en ambas, nuestras acciones y palabras. Esto es especialmente el caso de nuestra fe.

> El deber de los cristianos de tomar parte en la vida de la Iglesia, los impulsa a actuar como *testigos del Evangelio* y de las obligaciones que de él se derivan. Este testimonio es transmisión de la fe en palabras y obras. El testimonio es un acto de justicia que establece o da a conocer la verdad. (CIC, 2472)

Una de las áreas con la que luchamos es *exagerar*. Podemos justificar que no tenemos intención de causar daño cuando manipulamos los detalles de una situación verdadera, más bien decimos que ¡es para una historia mejor! Sin embargo, cuando exageramos, estamos disminuyendo nuestra credibilidad y nuestra confianza de otros en nuestra palabra.

Hipocresía – decir una cosa y hacer otra – desacredita el testimonio de fe. Honrar al octavo mandamiento no exige perfección irrazonable tanto que nos obligue a aspirar a la integridad mientras se practica la humildad. Por esta razón, la vanagloria y la jactancia son ofensas contra la verdad. Así lo es la ironía, particularmente cuando "trata de ridiculizar a uno caricaturizando de manera malévola tal o cual aspecto de su comportamiento". (CIC, 2481). Cuando esperamos hipocresía, vanagloria o jactancia de alguien, otra vez, lastima su credibilidad y disminuye nuestra confianza.

Algunos de nosotros tenemos el extraordinario don de la persuasión (o conocemos a alguien que la tenga). Cuando buscamos convencer a otros, tenemos que ser cuidadosos y hacerlo honrando al octavo mandamiento. Mientras que la afirmación habla la verdad de otro, la adulación distorsiona la verdad con elogios inapropiados. Cruzamos la línea de la adulación cuando los elogios se tornan excesivos, particularmente si tenemos intenciones malas. Estos comportamientos son manipulativos, distorsionan la verdad con la intención de usar a la gente. Cuando la gente usa este tipo de prácticas para lograr un fin egoísta, hacen más daño que con la interacción inicial. Dañan la confianza sobre la que se construyen las relaciones.

5. ¿Qué tan bien practicas (o que tanto te cuesta) las acciones y palabras verdaderas? ¿Alguna vez has sido lastimado por alguno de estos comportamientos negativos de alguien? ¿Alguna vez has lastimado a alguien al abusar de su confianza o distorsionar la verdad?

6. ¿Hay algunas otras áreas de "respetar la verdad" que necesiten atención? Explica.

7. Menciona 3 cosas en las que trabajarás a honrar mejor al octavo mandamiento. ¿Qué es tu plan de acción?

Capítulo 24

Incluso Jesús necesitó tiempo de inactividad

▲

La casa de mi niñez era un rancho de 1000 pies cuadrados, cinco personas y un baño. La forma favorita de relajarse de mi mamá siempre ha sido tomar buenos baños, largos y calientes. Así que no era raro que mis hermanos y yo entráramos descaradamente al baño a como se nos placiera, mientras mi mamá estaba sumergida en la tina. Digo, ¿para eso se hicieron las cortinas de baño, verdad? La cosa era que no entrabamos necesariamente para usar las instalaciones. En cualquier punto del baño de mi mami, había uno, dos o los tres de nosotros simplemente hablando con ella: sentado en el suelo, sentado en el canasto, o descansando (con los párpados cerrados) en el asiento del excusado con los pies apoyados en el lado de la bañera como en un sillón reclinable... solo hablando. Un día en mi adolescencia, mami se frustró un poco con la situación de la audiencia, "¡¿porque todos me siguen cuando tomo un baño?!" Hablando con el corazón, respondí, "porque es la única vez que podemos hablar contigo sin que te vayas a ningún lado." Mamá se desconcertó un poco, pensó por un momento y solo dijo, "ah..."

~~~~~

Desde la niñez hasta la edad adulta, cada vez que pensaba en esta historia, recordé con honesto anhelo de mi corazón, tener tiempo de calidad ininterrumpido con mi mamá. Ahora, como madre, mi completo entendimiento de esta anécdota familiar cambió. Me estremezco con la falta de tiempo personal de mi mamá y tiempo de descanso privado. De hecho, ahora, cuando leo la historia de Jesús sanando al paralítico en Marcos, escucho algo que nunca había percibido antes de convertirme en madre.

Tiempo después, Jesús volvió a Cafarnaún. Apenas corrió la noticia de que estaba en casa, se reunió tanta gente que no quedaba sitio ni siquiera a la puerta. Y mientras Jesús les anunciaba la Palabra, cuatro hombres le trajeron un paralítico que llevaban tendido en una camilla. Como no podían acercarlo a Jesús a causa de la multitud, levantaron el techo donde él estaba y por el boquete bajaron al enfermo en su camilla. Al ver la fe de aquella gente, Jesús dijo al paralítico: "Hijo, se te perdonan tus pecados."(Marcos 2:1-5)

Como madre, leo esto y pienso - ¡hay mi pobre Jesús! ¡Ni un momento para sí solo! ¿No había espacio en la casa así que tuvieron que abrir el techo arriba de él?

Marcos, es el evangelio más corto, con más acción, el más rápido y fácil de leer. Ve justo antes de esta escena al capítulo 1. Después de que Jesús terminó sus 40 días en el desierto, el comienza su ministerio, les llama a sus discípulos y empieza a enseñarles, "Así fue como la fama de Jesús se extendió por todo el territorio de Galilea" (Marcos 1:28). Después el evangelio de Marcos explica que Jesús deja la sinagoga y se dirige a la casa de Simón Pedro, cura a su suegra y la voz se esparce. Lo siguiente que sabemos es que "El pueblo entero estaba reunido ante la puerta" (Marcos 1:33) ¿El *pueblo entero*? En este punto, una parte de mí se pregunta de qué se estaba quejando mi mamá cuando solo tres de nosotros estábamos en el baño.

Jesús se levanta de madrugada en la mañana siguiente antes del amanecer, y se va a un lugar solitario a orar (Marcos 1:35), porque sabía que esta era la *única oportunidad* de estar solo, refrescarse, recargarse y reconectarse con Dios a través de la oración. Aun así, "fueron a buscarlo" (Marcos 1:36).

El pobre hombre estaba dándoles a todos todo lo que tenía, desinteresadamente, completamente, sin pensarlo... y no puede descansar. Se despierta temprano para recargarse como un tiempo de oración en silencio, y aquellos que estaban con él, lo *siguieron*.

Al encontrarlo, su discípulo Simón Pedro le dice "Todos te están buscando" (Marcos 1:37)

Así que no solo sus planes de un momento a solas son frustrados, sino que aquellos más cercanos a Jesús le dan sentimientos de culpa por no estar *más* disponible.

1. ¿Te puedes relacionar con Jesús? ¿Alguna vez te has sentido perseguido? Explica.

Como una persona que ofrece su tiempo, energía y esfuerzo a otros, me puedo relacionar con Jesús en esta situación. Me puedo relacionar con la frustración de la cancelación de sus planes de tiempo a solas, pero también puedo aprender del ejemplo de Jesús.

No importa cuántas veces sus planes fueron frustrados, Jesús buscó tiempo para orar a solas. Incluso Jesús necesitó de tiempo de inactividad para calladamente reflexionar, refrescarse y recargarse. Esos tiempos preciados a solas con Dios le dieron fortaleza, valentía, y sabiduría para estar totalmente presente y disponible a los hijos de Dios. Porque, como dijo Simón Pedro, "...para predicar también allí, pues para esto he salido." (Marcos 1:38). Jesús sabía que tan importante era el tiempo de inactividad – tiempo para orar – era para ser capaz de cumplir su propósito. En esto, Jesús estaba enseñándonos como necesitamos practicar el tercer mandamiento.

El tercer mandamiento nos llama a santificar las fiestas, un día dedicado al renovar nuestro convenio con Dios.

> Recuerda que el día del Sabbath, hay que mantenerlo sagrado. Seis días son para trabajar y hacer todos tus deberes, pero el séptimo día, el Sabbath es para el Señor tu Dios, en este día no hagas ningún trabajo. (Éxodo 20:8-10, Deuteronomio 5:12-15)

Sabemos que el tercer mandamiento nos llama a apartar tiempo para dar adoración a Dios en comunidad (ej: asistir a Misa), pero a menudo lo que perdemos es el *concepto teológico del Sabbath*. Por supuesto, estamos llamados a participar en la Eucaristía dominical, pero también estamos llamados a descansar y refrescarnos.

> La acción de Dios es el modelo de la acción humana. Si Dios "tomó respiro" el día séptimo (*Ex 31, 17*), también el hombre debe "descansar" y hacer que los demás, sobre todo los pobres, "recobren aliento." (*Ex 23,12*) (CIC, 2172)

El Sabbath hace referencia al sexto día de trabajo de Dios en la creación. Los obispos católicos de E.U.A lo ponen perfectamente "El 'descanso' de Dios en el séptimo día fue su mirada contemplativa disfrutando lo bueno de la creación, especialmente su corona en el hombre y la mujer. No fue una falta de inactividad divina, sino un "trabajo" más profundo de contemplación y el acto reparador de amarnos."[39] En nuestro día de descanso, vamos a participar en la recreación y relajación que nos ayuda a reinventar nuestra vida interna. El Sabbath "el domingo es un tiempo de reflexión, de silencio, de cultura y de meditación, que favorecen el crecimiento de la vida interior cristiana." (CIC, 2186).

Idealmente, el concepto teológico del Sabbath ocurre en el domingo, de acuerdo al mantener el día del Señor santo. "Cuando las costumbres (deportes, restaurantes, etc.) y los compromisos sociales (servicios públicos, etc.) requieren de algunos un trabajo dominical, cada uno tiene la responsabilidad de dedicar un tiempo suficiente al descanso"

---

[39] Conferencia de Obispos Católicos de los Estados Unidos de América (USCCB) (2012-04-02). Catecismo Católico de los Estados Unidos para Adultos (Portal Kindle 5279-5281). Conferencia de Obispos Católicos de los Estados Unidos de América (USCCB) Edición Kindle.

(CIC, 2187). Aun si no es el domingo, debemos de descansar y re-crear prioridades en nuestras vidas.

El Sabbath no se trata de parar, no hacer… solo ser. El Sabbath se trata de refrescar nuestra alma y re-crear nuestra pasión y alegría a través de la recreación. Es reconectándose con lo mejor de nosotros mismo y con Dios que nos creó. El *concepto teológico* del Sabbath no está limitado a un día de la semana. Momentos del Sabbath están disponibles para nosotros a lo largo de toda la semana. Podemos buscar momentos del Sabbath en experiencias formales de oración, adoración o eucaristía diaria, o abrirnos a la búsqueda de otras prácticas, actividades y hacer conciencia de maneras refrescantes.

~~~~~

Hannah encuentra momentos de Sabbath en la naturaleza. "Siempre me ha gustado la playa, especialmente la vista que parece continuar por siempre. La gran apertura del horizonte me recuerda al gran, eterno amor de Dios. Y en ese momento, estoy con Dios. Hay algunos días en los que noto esta belleza expansiva en el gran cielo azul de Texas. El otro día mientras iba manejando, casi necesito pararme porque estaba tan anonadada con la belleza. Las nubes estaban en filas perfectas, como si Él las hubiera colocado como un recordatorio de Su perfecto e infinito amor por mí. Cada vez que la gran apertura y expansión de la naturaleza me roba el aliento, me recuerda del bello e incondicional amor que Dios me tiene. Me deja sintiendo en paz y me recuerda estar quieta y descansar en Él. Recibir y mirar la Eucaristía me recuerda la misma cosa." Cuando Hannah está abierta a estos momentos de gracia, ella se llena de la conciencia de lo Divino.

~~~~~

Los pasatiempos ofrecen una gran oportunidad para momentos de Sabbath: jardinería, pintura, manualidades, carpintería, escribir, leer, correr, etc. Prácticas personales tales como tomar un baño largo y caliente, mecerse en la hamaca, sentarse en tu mecedora favorita, disfrutar de una vista especial, o encontrar la forma de saborear cada sorbo de tu bebida favorita de la mañana puede igualmente dar momentos Sabbath. Momentos de Sabbath también están disponibles en conversaciones de calidad cuando nos conectamos con amigos o cuando jugamos juntos en familia – en la alberca, en vacaciones, o en casa jugando, o simplemente alrededor de la mesa riéndose. No es la actividad en sí que es virtuosa, es la experiencia de reconectarse con tu yo interno y con Dios.

2. ¿Qué es lo que haces con tu tiempo libre? ¿Qué actividades de descanso refrescan tu alma? ¿Dónde buscas (y encuentras) momentos de Sabbath? ¿Qué tan a menudo buscas conscientemente durante tu semana momentos de Sabbath?

En la cultura de hoy, estar ocupados es valorado. Programar más de lo debido en nuestro día es valorado. Obligaciones toman precedencia sobre tiempo espiritual.[40] Descanso, relajación, y recreación no es valorado. Ya sea que tiempo de inactividad es visto como ser perezoso o considerado un lujo, muchas veces no es algo que nos animan a integrar regularmente en nuestras vidas.

Muchos de nosotros vemos el valor del tiempo espiritual del Sabbath pero tenemos dificultad en seguirlo, en parte porque sentimos que no tenemos suficiente tiempo para que todo encaje. Es eso –*encajar todo*- el problema. Llegamos al punto donde nuestro calendario determina nuestras prioridades en vez de nuestras prioridades determinar nuestros calendarios.[41]

Cada vez que decimos "si" a algo, decimos "no" a otra cosa. Llega un punto cuando mientras más veces decimos "si" a nuestro trabajo, comunidades, actividades infantiles, escuelas, amigos, etc…., mas le decimos "no" a nuestro preciado tiempo de descanso espiritual. No solo vemos esto en nosotros mismo, también lo hacemos cuando ocupamos a nuestros niños con varias actividades.

Al mismo tiempo, vale la pena señalar que el verdadero día de reposo implica ocio espiritual que refresca el alma; recreación que re-crea. Esto no es lo mismo que "pérdida de tiempo" como estar en el internet sin sentido o ver televisión o (tampoco vale dormir como un ocio espiritual).

3. ¿Cuál es tu más grande reto en cuanto a practicar descanso espiritual de Sabbath?

---

[40] Donna Schaper a menudo utiliza la frase "ocio espiritual" en el sentido del *Sabbath: Un antídoto para los que trabajan en exceso.* (Augsburg Books, 1997) para indicar las pausas intencionales en nuestro tiempo que son dedicados al descanso y a la re-creación durante el Sabbath.

[41] Stephen Covey aborda esta dinámica en *Los siete hábitos de la gente altamente efectiva* (Free Press, 1989). El enfoque de Covey para ser una "Persona efectiva" cae con facilidad en la validez de la vida cristiana, pero le corresponde al lector definir qué valores el o ella han de poner en práctica. En el Hábito 1, el lector comprende que no basta con tomar responsabilidad por sus decisiones (y las consecuencias que le sigan), que ser proactivo significa anticiparse al problema y planificar de acuerdo a ello. Luego en el Hábito 2, "Empezar con el fin en mente" los lectores son retados explícitamente a expresar la visión que tienen para ellos mismos. Es aqui donde tenemos que ir más allá de las generalizaciones de ser un 'buen cristiano', e identificar los valores que deseamos poner en práctica. En Hábito 3, los lectores son instruidos a 'Poner primero lo primero' aqui se vé de cerca, si nuestras decisiones de planificación se igualan a la misión y a la visión expresadas en el Hábito 2.

La examinación en el Hábito 3, de priorizar y tomar decisiones provee una poderosa revelación de cómo vivir nuestro compromiso con el Sabbath, día de guardar, y de cómo honrar el Tercer mandamiento.

Sabbath es una invitación a una forma de ser. No se trata de controlarnos o limitarnos, sino de alimentarnos. Recuerda las palabras de Jesús:

> El sábado ha sido hecho para el hombre, y no el hombre para el sábado. (Marcos 2:27)

Mientras tomamos tiempo para ser nutridos por los momentos Sabbath (y adorar con nuestra comunidad parroquial el domingo) podemos ver la diferencia que hace. Estamos más susceptibles y receptivos al amor y la vida. Estamos más presentes a nuestras familias, hijos, amigos y seres queridos.

> Por lo tanto, ustedes los reconocerán por sus obras (Mateo 7:20)

Robert Wicks llama a esto *disponibilidad*.[42] Cuando estas "muy disponible", le estas dando a todos menos a ti mismo, y terminas saboteando tus propios esfuerzos. Cuando estas completamente saturado, o agotado, no le eres bueno a nadie. Necesitas cuidarte a ti mismo porque harás una mejor versión de ti. La verdadera disponibilidad a otros, a Dios, a uno mismo, refleja una vida llena con espiritualidad alimentada de momentos de Sabbath.

Si no estás dispuesto a guardar el Sabbath como un regalo divino para ti mismo, hazlo por aquellos que amas y sirves.

4. ¿Qué decisiones harás por ti mismo al respecto de mantener el día de guardar de Sabbath?

---

[42] Robert Wicks habla sobre esto en *Availability: The Spiritual Gift of Helping Others. (Disponibilidad: El regalo espiritual de ayudar a otros)* (The Crossroad Publishing Company, 1986).

Capítulo 25

Amistad

Philia es el amor de los amigos. Los amigos cercanos comparten un generoso y afectuoso amor que sobrepasa el de los conocidos… que supera la utilidad (lo que puedes hacer por mi). *Philia* es un amor de amigos que encarna la calidez, el aprecio, el compañerismo; la amistad es un compartir mutuo.

~~~~~

En una buena amistad, explica Abril, "hay reciprocidad de amor, apoyo y transparencia, haciendo que te sientas seguro e inspirado."

~~~~~

Aunque el tiempo pase, añade Julie, "sigues donde dejaste como si el tiempo no hubiera pasado – amor instantáneo, comodidad instantánea en cada comunicación."

~~~~~

Los amigos nos conocen por dentro y por fuera y nos aman todavía más. Su genuino amor y cuidado por nuestro bienestar es tan cálido como sus abrazos, apretón de manos y palmadas de espalda. Nos deleitamos en su presencia. Saboreamos los momentos de tiempo de calidad, las conversaciones especiales, la honestidad, la diversión y la risa. El reírse es lo mejor.

Gran parte de la amistad se basa en intereses comunes, actividades y valores. A como las personas crecen y cambian, la realidad es que la amistad necesita crecer, cambiar y ajustarse… o necesita desvanecerse, aunque solo sea temporalmente. Como cristianos, puede ser difícil hacerse a un lado de alguna amistad; después de todo, estamos llamados a amar. Pero cuando Jesús nos llama a amar, es *ágape*, no *philia*. Amor *philia*, es una experiencia enriquecedora en la que Jesús, incluso Él mismo lo disfruta. Aun así, Jesús no compartió *philia* con todo el que se topaba. Hay algo especial en aquellos a los que llamamos amigos.

1. ¿Quiénes son tus amigos? ¿Cómo expresas y experimentas amor *philia* con ellos? ¿Cómo es que tus amigos enriquecen tu vida?

La amistad tiene varias categorías: buenos amigos, viejos amigos, mamás amigas/papás amigos, familiares amigos, amigos de Facebook… y todos son buenos, por lo menos tienen el potencial de serlo.

Vamos a echar un vistazo a los "amigos de Facebook.". Facebook nos ayuda a reencontrarse con viejos amigos de diferentes etapas de nuestras vidas, especialmente si has vivido en varias partes. Algunos "amigos" de Facebook están solamente en tus redes sociales, son más bien conocidos amistosos. Algunos ofrecen muchas conversaciones comunes. Facebook permite a los amigos saber que está pasando con las vidas del otro. Cuando alguien comparte alegría, podemos sonreír con ellos. Cuando alguien comparte dolor, podemos juntarnos con ellos en pensamiento y oración. ¿Y qué me dices del cariño de cumpleaños de los amigos de Facebook? Claramente es una versión diferente de amistad de la que experimentaron nuestros abuelos, pero de todos modos es comunidad. O al menos tiene potencial para serlo.

2. ¿Cómo es que las redes sociales (como Facebook) o la comunicación electrónica (como correos electrónicos, mensajes de texto, etc...) ayudan o dificultan tus amistades?

Esa es la pregunta, ¿no? ¿Para ti, Facebook, es una comunidad de amigos o solo una red social de conocidos que se alternan entre fanfarronear/presumir y quejarse? De hecho, esa es la pregunta que sostiene todas nuestras amistades. Ya sea en línea o en persona, ¿nuestras amistades se tratan de comunidad, con los que nos divertimos, con quienes nos retan, nos consuelan, apoyan y animan… o nuestras amistades son de competencia, comparaciones, criticismo y de hacer menos, que nos dejan vacíos y cuestionando nuestro valor?

Este tipo de relaciones que nos vacían a veces son llamadas "amistades tóxicas" o [en inglés] "frenemies" (una combinación entre "friend" [amigo] y "enemy" [enemigo]). Por supuesto que nunca entramos en una amistad tóxica conscientemente. Al principio la persona es encantadora y te apoya…hasta que tú necesitas algo que requiere que la otra persona se dé a sí mismo. Hay veces, que por circunstancias comprensibles, en las que todos somos incapaces de dar a algún amigo en necesidad. El amigo tóxico, sin embargo, no solamente se niega a ayudarte, sino que te menosprecia, reprende, y te humilla por haberles pedido algo. El amigo tóxico convierte tu necesidad genuina a un defecto de carácter.

~~~~~

Explica Ingrid, "Cuando alguien es tóxico, asume que las cosas que tú has hecho de buena fe son en realidad maliciosos porque la mayoría de sus propias motivaciones – si no son maliciosas – por lo menos son por conveniencia propia."

~~~~~

Como Mary Beth describe, "después de hablar o estar con ellos, sientes como si tuvieras resaca. Con un dolor de cabeza porque todo lo que dijiste fue malinterpretado o no aceptado, con un dolor de estómago por cuestionarte cómo puedes ser un mejor amigo, aburrido de exponer tus sentimientos solo para ser ignorados y preguntándote si debes o no debes – hablar con ellos – otra vez.

~~~~~

¿Cómo debe un cristiano responder a una amistad tóxica? Primero que nada, tenemos que reconocer que estas no son experiencias de amor *philia*. Por cuestión de amor propio y respeto a la dignidad humana, pueda que tengamos que tomar un paso hacia atrás y quitarnos del daño. Jesús nos llama a practicar *ágape* (dispuesto por el bien del otro) con todos, no la cercanía de *philia*. Tal vez no podamos abrirnos a nosotros mismos a la vulnerabilidad de una amistad con gente que nos lastime, pero podemos actuar con atención y preocupación por su bienestar.[43]

3. **¿Has tenido alguna experiencia con amistades tóxicas (o "frenemies")? ¿Cómo afrontaste el dolor y la decepción? ¿Estuvo tu respuesta a nivel de la llamada a respetar tu propia dignidad humana? ¿De qué forma fuiste/eres capaz de practicar *ágape*?**

La alegría y el amor de la verdadera amistad es sustentante. Jesús compartió amor *philia* con sus amigos más cercanos.

No hay amor más grande que dar la vida por sus amigos, [*philia*] y son ustedes mis [*philia*] amigos si cumplen lo que les mando. Ya no les llamo servidores, porque un servidor no sabe lo que hace su patrón (Juan 15:13-15)

---

[43] El pasaje de la Escritura conocido como *perlas delante de los cerdos* también habla de la dinámica de las amistades tóxicas. "No den lo que es santo a los perros, ni echen sus perlas a los cerdos, pues podrían pisotearlas y después se volverían contra ustedes para destrozarlos." (Mateo 7:6).

Entre el grupo de tus amigos *philia*, gente diferente tiene papeles diferentes. Más allá del título de "mi mejor amigo", hay ciertas personas en nuestras vidas que son parte de nuestro "círculo cercano". Estos son los amigos cercanos a los que les das un lugar de honor en tu vida. Algunos le llaman "junta directiva personal" o "la confianza del cerebro" Esta es la gente con la que solemos verificar sobre nuestras decisiones de vida, y aquellos con los que no podemos esperar a compartir las "grandes" noticias. Puede que no siempre estemos de acuerdo con el consejo ofrecido por nuestra junta directiva, ni tampoco siempre seguimos su consejo. Sin embargo, escuchamos por seguro lo que tienen que decir – ya sea bueno o malo – porque valoramos su opinión.

4. ¿A quién has nombrado como parte de tu "junta directiva personal"?

La amistad llena con amor *philia* nos puede tocar tan profundamente que pueden traer la Presencia Divina a nuestras vidas. En el *Tocar lo divino*, Robert Wicks identifica cuatro tipos de amigos que importa que tengamos en nuestras vidas.[44]

El Profeta es el amigo que nos dice la verdad y te reta a ver más de cerca cómo es que estamos viviendo nuestras vidas. Los profetas nos impulsan a examinar si estamos escuchando la voz de Dios y siguiendo nuestros valores o si estamos siendo balanceados por "otras" voces. Cuando "*¿De qué se trata eso?*" nos hace pensar. Este es el amigo que nos dirá una cruel verdad (con amor), a pesar de ser incomodo o del dolor.

5. ¿Quiénes son los amigos profetas en tu vida?

---

[44] En el libro de Robert Wicks *Touching the Holy: Ordinariness, Self-Esteem and Friendship* (*Tocando el santo: Ordinariez, auto estima y amistad*) (Ave Maria Press, 1992), nota que es muy posible para un amigo tener diferentes papeles, solo es importante que cada uno de los cuatro papeles estén representados en nuestras amistades. En el tema de la amistad y su impacto importante en el discipulado cristiano, también recomiendo *The Work of Your Life: Sustaining the Spirit to Teach, Lead, and Serve* (*El trabajo de tu vida: Sosteniendo el espíritu para enseñar, ser líder, y servir*) por Catherine Cronin Carotta (Harcourt 2003), el cual ofrece un resumen de los cuatro amigos de Wick, presentándolos en un contexto de diseminar el llamado de uno.

El porrista es ese amigo que nos ofrece una entusiasta e incondicional aceptación. Esta es la persona que nos ayuda a ver el reflejo del rostro amoroso de Dios más fácilmente en nosotros mismos y en los demás. Cuando hemos tenido un día difícil, esta es la persona a la que nos dirigimos por apoyo amoroso y animo porque ellos dicen justo lo correcto para nutrir nuestro amor por nosotros mismo. El porrista es el amigo que ofrece la presencia de la misericordia y amor de Dios.

~~~~~

Mi abuelito tal vez fue el más grande animador que haya habido. Me enorgullezco en decir que mi mamá y mi hermana continúan la legacía de mi abuelito de entusiasmo y aceptación. No puedo esperar a compartir noticias con ellas porque triplican mi propia emoción. Cuando necesito afirmación, les llamo. En su amor y apoyo, me recuerdan la bondad de Dios que habita en mí.

~~~~~

6. ¿Quiénes son los amigos porristas en tu vida?

El acosador es el amigo que nos ayuda a no tomarnos tan seriamente. El acosador nos hace reír – especialmente de nosotros mismos. A través de la amistad con el acosador, evitamos desgastarnos emocionalmente y/o de expectativas poco realistas porque nos ayudan tanto a recuperarnos como mantener la perspectiva.

7. ¿Quiénes son tus amigos acosadores en tu vida?

El guía espiritual nos ayuda a identificar nuestros miedos más profundos, nuestros anhelos sentimentales y nuestros valores más preciados. Esta es la persona que nos ayuda a procesar las experiencias en nuestra búsqueda en encontrar sentido en nuestras vidas. El guía espiritual nos apresura a ir más a fondo, no por su propio horario, sino por quienes son y cómo nos quieren. En diferentes puntos de nuestras vidàs, diferentes personas han tenido este papel.

8. ¿Quiénes son los amigos guías espirituales en tu vida?

Estos cuatro amigos se ayudan a balancearse el uno al otro. Mucho de porrista y no lo suficiente de profeta puede hacer a una persona un poco arrogante…mucho de profeta pero no suficiente de porrista puede hacer que una persona no se valore… así que necesitamos de los cuatro tipos.

9. ¿Qué visión tienes de ti mismo conforme al tema de los amigos? ¿En dónde sientes que eres afirmado? ¿Qué necesitas cambiar?

Capítulo 26

Esperanza

1. Mira al futuro, a los siguientes meses (o años) ¿qué es lo que esperas?

2. Si la pregunta de arriba (#1) en cambio hubiera sido "¿qué es lo que desearías?" ¿tu respuesta cambiaría en algo?

A pesar de que a menudo usamos las palabras esperanza y deseo intercambiablemente, hay una gran diferencia. Las dos son orientadas hacia el futuro, hacia cosas que deseamos que sucedan. Cuando deseamos que algo pase, lo hacemos de una forma pasiva: esperando a que algo ocurra. Queriendo que algo nos suceda sin haber ningún esfuerzo de nuestra parte. (*Deseo ganarme la lotería*). Cuando tenemos la esperanza de que suceda algo, participamos activamente al hacerlo realidad. (*Tengo la esperanza de que mis hijos crezcan siendo personas buenas, generosas y amorosas.*)

Cuando consideramos que la esperanza es una virtud teológica, lo que estamos diciendo es que estamos participando activamente con Dios. La virtud teológica de la esperanza puede ser definida como confiar en las promesas del Reino de Dios y cooperar con la gracia de Dios para que se hagan realidad en un futuro.

Participar con Dios implica confianza. Como si dijéramos, *"Confío en que estoy dando lo mejor de mí, tomando responsabilidad personal y proactiva. Y confío en que Dios está involucrado en todo el proceso, guiando mis esfuerzos y logrando cosas más allá de mi entendimiento."*

Orad como si todo dependiese de Dios y trabajad como si todo dependiese de vosotros. (CIC, 2834)[45]

Balancear las dos – responsabilidad personal y confianza en Dios – es un reto. La mayoría de nosotros luchamos con uno de los dos extremos:

Mucho Dios, no lo suficiente de Mí
–Ó–
Mucho de Mí, no suficiente Dios

Mucho Dios, no lo suficiente de Mí

¿Estás familiarizado con la parábola contemporánea del hombre y la inundación?

Un señor que vivía cerca de un rio escuchó un reporte de la radio prediciendo una severa inundación. Fuertes lluvias iban a causar que el rio creciera e inundara el pueblo, así que a todos los habitantes se les pidió que evacuaran sus casas. Pero el hombre dijo, "soy religioso, yo rezo. Dios me ama. Dios me salvará." Las aguas crecieron. Un hombre en un bote de remos se acercó y gritó, "Oye, tú ahí. El pueblo se está inundando. Deja te llevo a un lugar seguro." Pero el señor gritó "soy religioso, yo rezo. Dios me ama. Dios me salvará." Un helicóptero estaba volando cerca y un hombre con un altavoz gritó, "Oye, tú abajo. El pueblo se está inundando. Deja te lanzo una escalera y te llevaré a un lugar seguro." Pero el señor le gritó respondiendo que era religioso, que el rezaba, que Dios lo amaba y que Dios lo iba a llevar a un lugar seguro. Bueno…el señor se ahogó. Y estando parado en las rejas de San Pedro, el pidió una audiencia con Dios. "Señor" dijo, "soy un hombre religioso, yo rezo, pensé que me amabas, ¿Por qué permitiste que me ahogara?" Dios dijo, "te mandé un aviso por la radio, un helicóptero y un bote. ¿Qué estás haciendo aquí?

Cuando nuestra dependencia en Dios nos lleva al rechazo de la acción humana, no estamos practicando la virtud de la esperanza. En su lugar, estamos practicando una "esperanza barata" basada en deseos donde el *Dios proveerá* se convierte en el equivalente a *Dios hará todo por mí*. Fuimos inventados para participar en traer el reino de Dios.

A veces, todo lo que podemos hacer para ayudar en una situación es orar. Y siempre debemos orar. Pero cuando podemos hacer algo más, y cae en nuestra área de responsabilidad, también debemos hacer eso más.

Dios nos creó a su imagen y semejanza (Génesis 1:26-27). Y nos dio dones y talentos que él espera que utilicemos (recuerda el Capítulo 9 "Llamado por Dios" y la

---

[45] El *Catecismo* da crédito de esta frase a San Ignacio de Loyola, cf. Joseph de Guibert, SJ, The Jesuits: Their Spiritual Doctrine and Practice, (Chicago: Loyola University Press, 1964), 148, n. 55.

parábola de los talentos, Mateo 25:14-30). Tenemos que tomar esto seriamente mientras practicamos la virtud de la esperanza.

Mucho de Mí, no suficiente Dios

Por el otro lado, estamos los que nos vamos al otro extremo: confiando solamente en la acción humana y excluyendo a Dios.

Reconocemos que la persona en desesperación carece de esperanza. Pero muy frecuentemente esto no es una incapacidad para practicar la virtud de la esperanza. En su lugar, desesperarse – no tener esperanza – es una señal de depresión seria. Existe ayuda para aquellos que la necesitan.

¿A quién se le dificulta practicar la virtud de la esperanza?
- El tipo A que se obsesiona con cada pequeño detalle.
- El loco controlado que no puede dejar ir
- El preocupado que está lleno de ansiedad
- El quejumbroso que pierde la perspectiva.

Cuando pensamos que todo depende de nosotros, no estamos practicando la virtud de la esperanza. Aquí, la falta de esperanza incluye fracasar en confiar en Dios.

~~~~~

Cuando le preguntaron a Maureen si quería ser la directora espiritual para el próximo retiro Cristo Renueva Su Parroquia "Christ Renews His Parish (CRHP)" estaba abrumada. "No puedo hacer esto, no estoy capacitada." El comité encargado de darle continuación sabía de sus dones y talentos, pero Maureen estaba llena de ansiedad. "Esta es una responsabilidad enorme. No hay manera que yo pueda liderar y guiar a estas mujeres en su camino." En oración y plática con sus seres queridos, Maureen pudo ver que estaba suponiendo que ella sola iba a ser la responsable de la dirección del retiro. En vez de ver su liderazgo como participación con Dios, temía que fuera a depender todo en ella. Una vez que pudo cimentarse en la virtud de la esperanza, fue capaz de decir que sí. A través del proceso de formación, Maureen tuvo que recordarse constantemente que no estaba sola. Sino que, estaba trabajando junto con Dios: dando lo mejor de sí y confiando que Dios estaba trabajando en, con y a través de ella.

~~~~~

Ya sea nuestra forma de criar a los hijos, nuestra carrera profesional, o nuestras relaciones, practicar la virtud de la esperanza significa que estamos participando con Dios. Además, estamos invitando a Dios a participar con nosotros en cada rincón y grieta de nuestras vidas.

Practicar la virtud de la esperanza también significa participar con otros. Necesitamos permitir y animar a otros a participar dando lo mejor de sí. Eso significa dejar a un lado ideas como "si quieres algo bien hecho, tienes que hacerlo tú mismo." El principio de la justicia social de la subsidiaridad significa que tenemos que dejar a los demás hacer lo que puedan hacer. Hay bondad en eso. Así es como también Jesús hizo las cosas.

Es importante señalar que nuestra invitación de gracia a participar con Dios en esperanza nunca fue destinada a ser una proposición del 50 y 50 por ciento. No es como si hiciéramos nuestra parte y le dejáramos el resto a Dios. Más bien, hay valor en nuestros esfuerzos humanos, pero tenemos que recordar el primer mandamiento. Dios sigue siendo Dios. Como cualquier otra virtud, practicar la virtud es algo que podemos mejorar.

3. ¿Dónde encuentras éxito (y dónde luchas) en practicar la virtud de la esperanza? ¿Te cuesta más trabajo con el "mucho Dios" o "mucho de mí? Explica

4. ¿Qué es alguna cosa que puedas hacer para mejorar tu práctica de la virtud de la esperanza?

Capítulo 27

Administración y límites

⟁

Gran parte de nuestra fe cristiana es acerca de amarse los unos a los otros y decir "sí" a Dios.

Que cada uno ponga al servicio de los demás el carisma que ha recibido, y de este modo serán buenos administradores de los diversos dones de Dios.
(1 Pedro 4:10)

Estamos llamados a ser buenos administradores. Administrar es una forma de entender nuestro papel y relación con Dios. En tiempos antiguos la metáfora de la administración era entendida claramente. Dios es el terrateniente y como sus administradores, nuestra responsabilidad es ser cuidadores. El propietario de las tierras confía al mayordomo la responsabilidad de cuidar de la propiedad, administrar los negocios, hacer buen uso de los recursos y compartir esos recursos con los demás. Esta posición de cuidador o administrador involucra confianza y responsabilidad.[46]

~~~~~

A pesar de que he tenido bastantes experiencias buenas con la administración, una experiencia mala dejó una impresión fuerte. A lo largo de mi infancia, cada verano íbamos de vacaciones familiares. Mi mamá hacía todo lo posible para dejar la casa perfectamente limpia para que cuando regresáramos fuera un espectáculo de bienvenida. Un año mi mamá le pidió a Lisa, una vecina preadolescente que nos cuidara la casa: alimentar al gato y regar las plantas. Cuando regresamos, descubrimos que había cocinado, dejado desorden, e hizo llamadas de larga distancia. Aunque estaba lejos de

---

[46] La U.S. Catholic Bishops *Pastoral Letter on Stewardship* (carta de administración de los obispos pastorales de los Estados Unidos) (1992) explica "Como mayordomos cristianos, recibimos los dones de Dios con gratitud, los cultivamos de manera responsable, y compartimos amorosamente en justicia con otros, y devolverlos con aumento al Señor "United States Conference of Catholic Bishops (Conferencia de obispos católicos de los Estados Unidos), "To Be a Christian Steward: A Summary of the U.S. Bishops' Pastoral Letter on Stewardship" ('Ser administrador cristiano: Un resumen de la carta de administración de los obispos pastorales de los Estados Unidos), http://www.usccb.org/beliefs-and-teachings/what-we-believe/stewardship/index.cfm (Vista el 20 de junio, 2014).

haber destrozado la casa nos sentimos- especialmente mi mamá- abusados. Le habíamos confiado hacer el trabajo… y en su lugar eligió abusar de nuestra confianza.

~~~~~

Dios nos ha confiado en hacer un trabajo: cuidar de la creación. La forma en la que practicamos el discipulado es siendo buenos administradores de Dios. Esto quiere decir cuidar de la tierra y toda su creación porque reconocemos que todo (y todos nosotros) pertenece a Dios. Como administradores, somos más que cuidadores de casa que hacen un poco más que esperar el regreso del dueño. Los administradores dirigen negocios y hacen buen uso de los dones que Dios les ha dado, los cultivan y los comparten con los demás. En términos prácticos, esto involucra nuestra llamada vocacional en la vida y participar en la vida de la Iglesia. La administración se trata de como realmente vivimos el decir "sí" a Dios.

1. Los administradores son cuidadores, no dueños. Los administradores reconocen la soberanía de Dios así como el importante papel que cada uno tenemos, cooperando con Dios. ¿En qué formas practicas actualmente esta postura en tu vida? ¿Qué áreas de tu vida se beneficiarían de un enfoque en esta postura?

Algunos de nosotros luchamos con usar incorrectamente la noción de la administración, en particular en lo que respecta a los límites. Por un lado, hay algunos de nosotros que pensamos que la administración es "hacer todas las cosas", aceptar mucho y gastarse. Del otro lado, hay algunos que terminamos involucrados demasiado en las vidas de los que queremos y servimos.

Límites: Mucho "sí"

En gran parte, la lucha con aceptar mucho refleja la falta de la virtud de la fe, como lo discutimos en el capítulo anterior. No solo lleva a que nos gastemos sino que cuando aceptamos mucho, de hecho previene que otros tengan la habilidad de servir.

Cuando estamos tentados a pensar que "todo depende de nosotros" estamos poniéndonos inadvertidamente en el papel de un "dios." A menudo se le llama "Complejo de Mesías" por esa misma razón. Aquellos de nosotros que luchamos con hacer mucho nos beneficiaríamos con reflexionar (y repetir) las sabias palabras de Juan el Bautista "Yo no soy el Mesías." (Juan 1:20).[47] Así mismo, el "Arzobispo Oscar Romero: Un paso en el camino" es una oración para recordar nuestro rol en la administración.[48]

> Ayuda, de vez en cuando, dar un paso atrás y tomar una visión de todo.
>
> El reino no está sólo más allá de nuestros esfuerzos, esta incluso más allá de nuestra visión.
>
> Durante nuestra vida, apenas realizamos sólo una pequeña fracción de la magnífica empresa que es obra de Dios.
>
> Nada de lo que hacemos está completo, lo cual es una forma de decir que el Reino siempre está más allá de nosotros.
>
> Ninguna declaración dice todo lo que se podía decir.
>
> Ninguna oración expresa completamente nuestra fe.
>
> Ninguna confesión trae la perfección.
>
> Ninguna visita pastoral trae plenitud.
>
> Ningún programa logra la misión de la Iglesia.
>
> Ningún conjunto de metas y objetivos incluye todo.
>
> Esto es lo que somos.
>
> Plantamos las semillas que un día crecerán.
>
> Nosotros, las semillas ya plantadas, sabiendo que guardan promesas futuras.
>
> Sentamos bases que necesitarán un mayor desarrollo.
>
> Proporcionamos la levadura que produce más allá de nuestras capacidades.
>
> No podemos hacer todo, y hay un sentido de liberación en darse cuenta de esto.
>
> Esto nos permite hacer algo, y hacerlo muy bien.

---

[47] Durante una liturgia en una sesión de verano de el Instituto de educación religiosa y ministerio pastoral (2001), Thomas Groome, ofreció una reflexión basada en Juan el Bautista, la cual toca profundamente a la gente de el ministerio. Tom elogia la sabiduria de Juan por reconocer que él no es el Mesías. Luego, invita a toda la congregación de profesionales del ministerio durante la liturgia, a repetir estas palabras en voz alta: ' Yo no soy el Mesías, Yo no soy el Mesías, Yo no soy el Mesías."

[48] El Arzobispo Oscar Romero (1917-1980), fue Arzobispo en El Salvador y su mensaje hablaba en contra de la pobreza y la injusticia social. El fue asesinado *durante* la celebración de la Misa a manos de soldados salvadoreños. A partir de el 2 de Junio 2014, El Vaticano está examinando la posibilidad de la canonización de Romero. En referencia a la oración, los Obispos Católicos de USA dicen: "Esta oración que fuera compuesta por el Obispo Ken Untener de Saginaw…. Como reflexión del aniversario del martirio del Obispo Romero, el Obispo Untener incluye en un libro de reflexiones un pasaje titulado 'El misterio de la oración de Romero'. El misterio consiste en que las palabras de la oración se les atribuyen a Romero, pero estas nunca fueron dichas por él." http://www.usccb.org/prayer-and-worship/prayers-and-devotions/prayers/archbishop_romero_prayer.cfm. (Visitada el 20 de junio, 2014).

Puede que esté incompleto, pero es un comienzo, un paso en el camino, una oportunidad para que la gracia del Señor entre y haga el resto.

Tal vez nunca veamos el resultado final, pero esa es la diferencia entre el maestro constructor y el trabajador.

Somos trabajadores, no maestros constructores; ministros, no mesías. Somos profetas de un futuro no el nuestro.

2. ¿Hay algunos aspectos de "aceptar mucho" que aplican en tu vida? ¿Hay algo en la oración del Arzobispo Oscar Romero que te habló? Explica.

Límites: No suficiente "no"

A veces nuestro "si" a Dios en la administración es malinterpretada con la necesidad de decir "sí" a todos los pedidos de todas las necesidades de todo el mundo. A veces, en nuestros esfuerzos por ayudar, llegamos a invertir demasiado en la vida y el crecimiento de los que estamos tratando de amar y servir. Otras veces, es la gente que buscamos servir los que tienen dificultad respetando los límites. Ya sea el no saber decir que "no" o escuchar (y respetar) el "no", la falta de límites es un problema.

En su libro *Boundaries* ("*Límites*") el Dr. Henry Cloud y el Dr. John Townsend desmenuzan la Escritura para ayudar a los lectores entender que los límites no solo son importantes, sino que son un regalo de Dios.[49] Respetar los límites nos ayuda a cada uno de nosotros a vivir el llamado a ser administradores – el uno *con* el otro, y no *por* el otro. Una de las ideas útiles que brindan Cloud y Townsend viene de examinar de cerca un pasaje de Gálatas.

> Lleven las cargas unos de otros, y así cumplirán la ley de Cristo. Que cada uno examine sus propias obras y, si siente algún orgullo por ellas, que lo guarde para sí y no lo haga pesar sobre los demás. Para esto sí, que cada uno cargue con lo suyo. (Gálatas 6:2, 4-5)

En griego la palabra "carga" (*lleven las cargas de otros*) figura una imagen de una cantidad excesiva de problemas que son tan pesados, que nos pesan como piedras. Sin

---

[49] Henry Cloud y John Townsend. *Boundaries: When to Say Yes, How to Say No to Take Control of Your Life* (*Límites: Al decir que sí, cómo decir no a tomar el control de tu vida*) (Zondervan, 1992).

embargo, el término "carga" (*que cada uno cargue con lo suyo*) es más cercano a la traducción de la carga del día a día, como una mochila.[50] Claro, estamos llamados a ayudarnos los unos a los otros cuando nos encontramos con excesivas cargas. También se espera que carguemos nuestra propia carga normal del día a día. Si tratamos de llevar la carga diaria de otro, estamos extralimitando nuestros propios límites.

En este sentido, hay una diferencia entre ser responsable el uno *al* otro y ser responsable el uno *por* el otro.[51] Nosotros *somos* los guardianes de nuestros hermanos y hermanas (Génesis 4:9) en la medida en que somos responsables de cuidar el uno del otro. Pero tan pronto en cuando tratamos de ser responsables *por* las decisiones de otros, en realidad les estamos quitando su libertad. Nuestra libertad de elegir – decir sí o no – es esencial para nuestra humanidad. Es por nuestra libertad que tenemos la habilidad de amar genuinamente y servir como administradores.

3. ¿Puedes relacionar la diferencia entre "cargas" y "pesos"? Acuérdate de alguna vez en la que tú (o alguien que conoces) tuvo "cargas" y necesitó la ayuda de otros para sobrellevarlas. Compáralo con una experiencia de una carga diaria.

4. ¿Cuál ha sido tu experiencia con administrar y respetar límites? ¿Es un área de éxito o de dificultad para ti?

5. ¿Qué es lo que has visto por ti mismo en cuanto a la administración y los límites? ¿Qué puedes hacer para mejorar tu práctica de la verdadera administración?

---

[50] Cloud y Townsend examinan este pasaje de Gálatas varias veces a través de *Límites*, pero en las páginas 30-31 ponen atención especial a las diferencias entre ser responsable "a" otros y ser responsable "por" otros.

[51] Cloud y Townsend enfatizan el "ser responsable y cuidar y ayudar, *dentro de ciertos límites*, a otros a los que Dios coloca en nuestras vidas". (58).

Capítulo 28

Anhelo

⟁

Hay un anhelo en el corazón humano – una indescriptible sensación de deseo. La persecución, la búsqueda, el implorar es una experiencia común de la que escriben varios autores. Lo vemos en obras de teatro y películas, lo leemos en libros y poesía, lo escuchamos y cantamos en la música. A como buscamos e imploramos, varios de nosotros nos podemos identificar con el anhelo en voz de Bono en la canción de U2 "I Still Haven't Found What I'm looking for"[52] ("*Aún no he encontrado lo que estoy buscando*").

~~~~~

Dorothy fue criada por sus abuelos en un pequeño pueblo en México. Ambos, sus abuelos y padrinos tuvieron un impacto positivo en su formación y fe Católica, pero recuerda que ella luchaba, especialmente cuando era adolescente, con el sentimiento de abandono de sus padres biológicos. Después, a los 13 años de edad, sufrió el trauma de encontrar a su abuelo muerto en el piso. Menos de un año de lo ocurrido, su querido padrino contrajo meningitis bacteriana lo que condujo a un derrame cerebral, requiriendo de silla de ruedas y cuidado constante. "Esta serie de eventos me deprimieron, y me sentía como si estuviera en un estado de vacío, dudando de la existencia de Dios. Por el tiempo más largo durante mis años adolescentes, me sentí extremadamente sola, no siendo capaz de conectarme con nadie, y enojada con el mundo."

~~~~~

A veces el anhelo provoca preguntas filosóficas acerca de nuestra existencia. ¿Por qué estoy aquí? ¿Quién soy? ¿Cuál es el propósito de la vida? ¿De qué se trata la vida? ¿A dónde me dirijo? ¿Por qué ocurrió esta horrible cosa? Buscamos respuestas. A veces este anhelo nos trae conciencia de que algo está faltando. Puede que busquemos llenarlo con cosas materiales, con éxito monetario, con alto poder, con vidas apuradas, con experiencias y aventuras, con relaciones…pero con frecuencia encontramos que nada funciona… Para algunos, el anhelo y el estar consientes de este es abrumador. Puede traer depresión y dolor. Algunos eligen entumecer ese anhelo con alcohol o drogas… con adicción a alguna

---

[52] "I Still Haven't Found What I'm Looking For" ('Aún no he encontrado lo que estoy buscando') del albúm de U2 *The Joshua Tree* (El árbol Joshua), Island Records, 1987.

substancia, juegos de azar, sexo, pornografía…pero no importa hacia donde veamos, no importa como intentemos, ninguna de estas personas, lugares o cosas nos trae el sentimiento de cumplimiento de nuestro deseo anhelante.

1. ¿Puedes relacionarte con este sentido de anhelo? ¿Hay algunas veces específicas en tu vida que te acuerdes de una sensación de deseo? Explica.

Hay una expresión que a menudo es usada para describir la razón de este anhelo: tenemos un agujero en nuestros corazones con forma de Dios, que no puede ser llenado con otra cosa que no sea Dios, no importa cuánto lo intentemos[53]

Pon tu alegría en el Señor, él te dará lo que ansió tu corazón. (Salmo 37:4)

En su *Confesión*, San Agustín relata cómo luchó con el anhelo mal dirigido y su deseo durante la juventud hasta principios de sus 30 años: fiestas, sexo y jactándose… moviéndose hacia posiciones prestigiosas entre los mejores y los más inteligentes… juntándose con mala compañía… robando porque si… Agustín fue criado cristiano, pero sus actividades intelectuales lo guiaron a una variedad de otros caminos filosóficos. Fue durante este tiempo de su vida en el que rezó, "Señor, hazme casto, pero todavía no"[54]

Tras su conversión, Agustín se dio cuenta que su anhelo y deseo estaban saciados y completamente contestados por Dios. Él describe elocuentemente este entendimiento:

---

[53] La expresión se le atribuye al matemático francés, Blaise Pascal (1623-1662). El sitio en internet www.ThinkExist.com ofrece lo siguiente como referencia original "tenemos un agujero en nuestros corazones con forma de Dios, que no puede ser llenado con otra cosa que no sea Dios. Solo puede ser llenado por Dios, dado a conocer a través de Jesús Cristo".
http://thinkexist.com/quotation/there_is_a_god_shaped_vacuum_in_the_heart_of/166425.html.
(Visitada el 22 de junio, 2014).

[54] Esta es una versión abreviada de la cita real de Confesiones Libro 8, Capítulo 7, párrafo 17 "Concédeme castidad y continencia, pero todavía no."

"Tu nos has hecho para ti mismo, y nuestros corazones no tienen descanso hasta que descansen en ti."[55]

El deseo por Dios está inscrito en el corazón del hombre, porque el hombre ha sido creado por Dios y para Dios; y no cesa de atraer al hombre hacia sí, y solo en Dios encontrará la verdad y la dicha que no cesa de buscar (CIC, 27). El segundo concilio vaticano señala este anhelo en *Gaudium et Spes* (La Iglesia en el mundo moderno):

> La razón más profunda de la dignidad humana está en su vocación a esta comunicación con Dios. El hombre está invitado, desde que nace, a un diálogo con Dios: pues no existe sino porque, creado por Dios en un impulso de amor, debe su conservación a ese mismo amor, y no vive de verdad si no lo reconoce libremente y no se entrega a su Creador. (*GS* 19)[56]

Cuando somos capaces de conectar nuestro más profundo deseo anhelante con el amor y la gracia de Dios, encontramos cumplimiento. Regresemos a la historia de Dorothy:

~~~~~

Cuatro años después, a los 17, Dorothy emigró a los E.U.A. con su abuela para el tratamiento médico de su padrino. "Aprendí inglés, me gradué de la preparatoria, fui a la universidad y después de varias relaciones malas, empecé a buscar a Dios. Canté con el coro de la universidad, y lentamente empecé a encontrar algo de alivio en mi corazón." Después de haberse graduado de la universidad y haber encontrado un trabajo en investigación aeroespacial, Dorothy se encontró saliendo de otra mala relación, cayendo en depresión y cuestionando su existencia. "Le pedí a Dios que me llevara. No estaba para nada feliz, siempre sentí un vacío profundo en mi corazón. Tampoco pude entender el concepto de fe, especialmente con un trabajo en ciencia." En medio de su interrogatorio, Dorothy decidió ir a un retiro. "¡La experiencia fue genial! Por primera vez, sentí que Dios me estaba hablando… pero más bien, era que yo estaba consciente de Su presencia y abrí mi corazón y mis oídos para escucharlo. En este momento de conversión, pude ser capaz de creer que Dios me tenía en la palma de sus manos desde que había nacido y que Él nunca me iba abandonar. Ahí fue donde entendí que mi mamá no tuvo culpa por haberme dejado, porque vi esta decisión como un acto de misericordia y preocupación por mi futuro. Había llegado a la clausura de un capítulo doloroso en mi vida, y después, empecé a amarme a mi misma y a amar a otros."

~~~~~

---

[55] Esta cita es otra abreviatura común. El pasaje original dice: "pues que nos has hecho para ti e inquietado nuestro corazón hasta que descanse en ti", de Confesiones Libro 1, capítulo 1, artículo 1, y también es citado en la sección del Catecismo en "El deseado de Dios", en el CIC, 27.

[56] Austin Flannery, ed. Vaticano II: Constituciones, Decretos, Declaraciones. Traducción revisada en un lenguaje inclusive. (Northport: Costello Publishing, 1996). Todas las citas de los documentos del Vaticano II son de esta edición. Las referencias aparecen en el texto con el número de párrafo.

2. ¿Te puedes relacionar a la historia de San Agustín o a la de Dorothy? ¿Has tratado de llenar ese espacio en tu corazón con forma de Dios con algo que no sea Dios?

En el Día de la fiesta de San Agustín en el 2013, el Papa Francisco celebró misa con la orden de sacerdotes Agustina. En su homilía, el Papa Francisco nos animó a *ser inquietos* en tres áreas de la vida: en nuestra vida espiritual, en nuestra búsqueda por Dios, y en nuestro amor hacia otros. Algunas veces podemos caer en la complacencia o ser esclavos de la rutina, particularmente cuando se trata de la vida espiritual. El Papa Francisco nos advierte a no ser "anestesiados" contra la inquietud. Como cristiano, debes "buscar en tu corazón y preguntarte si tienes corazón que quiere grandes cosas o un corazón que está dormido. ¿Ha mantenido tu corazón esa inquietud o está siendo sofocado por cosas?[57]

"Permítete ser inquieto por Dios" nos dice el Papa Francisco. Ya que la inquietud es lo que nos permite seguir *continuando el camino*.

3. Cómo respondes a la pregunta del Papa Francisco de "¿Ha mantenido tu corazón esa inquietud o está siendo sofocado por cosas?"

---

[57] Catholic News Service. 28-ago-2013 "Pope says Christians Should Have Restless Hearts Like St. Augustine's" (El Papa dice que los cristianos deberían tener corazones inquietos como el de San Agustín) por Cindy Wooden http://www.catholicnews.com/data/stories/cns/1303694.htm. (Visitada el 23 de junio, 2014).

4. Tómate el tiempo de volver a ver los capítulos en el libro. ¿Hay algunos capítulos o temas con los que te sientes "inquieto" y que te gustaría tener más tiempo para darle seguimiento?

5. Anota tres cosas que vas a hacer para seguir *Continuando el camino*.

Bibliografía

▲

American Catholic. "St. Anthony Messenger Ask the Wise Man: The Rift Between Jews and Samaritans."
http://www.americancatholic.org/messenger/sep1996/wiseman.asp (visitada el 31 de mayo 2014).

Anti-Defamation League. [Liga Antidifamación (LAD)] "Roles People Play." ["Papeles que la gente juega"] 2003.
http://archive.adl.org/education/holocaust/rolespeopleplayworksheet.pdf (visitada el 31 de mayo 2014).

Augustine. *Confesiones.* Traducido y editado por Albert C. Outler, 1955.
http://www.ourladyswarriors.org/saints/augcon1.htm (visitada el 26 de junio 2014).

Carotta, Catherine Cronin. *The Work of Your Life: Sustaining the Spirit to Teach, Lead, and Serve (El trabajo de tu vida: Sosteniendo el espíritu para enseñar, ser líder, y servir).* Orlando: Harcourt, 2003.

Catecismo de la Iglesia Católica. Segundo Edición. Libreria Editrice Vaticana. Washington DC: United States Conference of Catholic Bishops. Kindle Edición, 2011.

Catholic Answers (Respuestas Católicas). "Who Were the Samaritans and Why Were They Important?" http://www.catholic.com/quickquestions/who-were-the-samaritans-and-why-were-they-important (visitada el 31 de mayo 2014).

Cloud, Henry and John Townsend. *Boundaries: When to Say Yes, How to Say No to Take Control of Your Life (Límites: Al decir que sí, cómo decir no a tomar el control de tu vida).* Grand Rapids: Zondervan, 1992.

Concilio Vaticano Segundo. *Gaudium et Spes (Constitución Pastoral Sobre la Iglesia en el Mundo Actual).* 7 Dec. 1965. Editado por Austin Flannery. Northport: Costello Publishing Co., 1996.

_____. *Lumen Gentium (Constitución dogmática sobre la Iglesia).* 21 Nov. 1964. Editado por Austin Flannery. Northport: Costello Publishing Co., 1996.

Conferencia de obispos católicos de los Estados Unidos de América. "Arzobispo Oscar Romero: Un paso en el camino" por el Obispo Ken Untener.

http://www.usccb.org/prayer-and-worship/prayers-and-devotions/prayers/archbishop_romero_prayer.cfm (visitada el de junio 20, 2014).

_____. *Brothers And Sisters To Us: Pastoral Letter on Racism (Carta Pastoral sobre el racismo).* Washington DC: Conferencia de católicos de los Estados Unidos de América, 1979. http://www.usccb.org/issues-and-action/cultural-diversity/african-american/brothers-and-sisters-to-us.cfm (visitada el 31 de mayo 2014).

_____. *Catecismo católico de los Estados Unidos para adultos.* Washington DC: Conferencia de católicos de los Estados Unidos de América, Kindle Edición, 2012.

_____. *Directorio Nacional para la Catequesis.* Washington DC: Conferencia de católicos de los Estados Unidos de América, 1997.

_____. "Disciples Called to Witness: Part II," A statement by the Committee on Evangelization and Catechesis. Washington DC: Conferencia de católicos de los Estados Unidos de América, 2012. http://www.usccb.org/beliefs-and-teachings/how-we-teach/new-evangelization/disciples-called-to-witness/disciples-called-to-witness-part-ii.cfm (visitada el 29 de junio 2014).

_____. "To Be a Christian Steward: A Summary of the U.S. Bishops' Pastoral Letter on Stewardship" ("Ser administrador cristiano: Un resumen de la carta de administración de los obispos pastorales de los Estados Unidos"). Washington DC: Conferencia de católicos de los Estados Unidos de América, 1992. http://www.usccb.org/beliefs-and-teachings/what-we-believe/stewardship/index.cfm (visitada el 20 de junio 2014).

_____. *Sharing Catholic Social Teaching: Challenges and Directions ((Compartiendo la enseñanza social Católica, retos y direcciones).* Washington DC: Conferencia de católicos de los Estados Unidos de América, 1998. http://www.usccb.org/beliefs-and-teachings/what-we-believe/catholic-social-teaching/sharing-catholic-social-teaching-challenges-and-directions.cfm (visitada el 29 de junio 2014).

Covey, Stephen R. *The Seven Habits of Highly Effective People: Powerful Lessons in Personal Change (Los siete hábitos de la gente altamente efectiva).* New York: Simon & Schuster, 1989.

Dienno-Demarest, Julie. *Living the Vision: A Pastoral Guide to Service Learning in Catholic High Schools (Viviendo la visión: una guía pastoral al aprendizaje de servicio en las preparatorias católicas).* Lulu, 2008.

El Sínodo Mundial de Obispos. *Justicia in Mundo* (Justicia en el Mundo). 1971. http://www.cctwincities.org/document.doc?id=69 (visitada el 27 de junio 2014).

Groome, Thomas H. *Educating for Life.* Allen: Thomas Moore, 1998

_____. *Sharing Faith*. Eugene: Wipf and Stock, 1998.

_____. *What Makes Us Catholic: Eight Gifts for Life*. San Francisco: Harper, 2002.

Henriot, Peter J., Edward P. DeBerri, and Michael J. Schultheis. *Catholic Social Teaching: Our Best Kept Secret*. Washington D.C.: Center for Concern, 2001.

Ignaciana Espirituality. "Ignatian Oración: El Examen Diario." http://www.ignatianespirituality.com/ignatian-prayer/the-examen/ (visitada el 28 de mayo 2014).

La biblioteca virtual Judía. "Concentration Camps: The Sonderkommando" por Jacqueline Shields. http://www.jewishvirtuallibrary.org/jsource/Holocaust/Sonderkommando.html (visitada el 7 de mayo 2014).

Lewis, C.S. *The Great Divorce (El gran divorcio)*. New York: Compañía publicitaria Macmillan, 1946.

Madre Teresa. *Come Be My Light: The Private Writings of the "Saint of Calcutta." (Ven, sé mi luz: Cartas privadas de "La Santa de Calcuta.")* Editado por Brian Kolodiejchuk. New York: Doubleday, 2007.

May, Gerald G. *The Dark Night of the Soul: A Psychiatrist Explores the Connection Between Darkness and Espiritual Growth*. New York: HarperCollins Publishers, 2004.

McCarty, Mary. *Loving: A Catholic Perspective on Vocational Lifestyle Choices*. Dubuque: Brown-Roa, 1993.

Merriam-Webster. "Virtue" ("Virtud"). http://www.merriam-webster.com/dictionary/virtue (visitada el 20 de mayo 2014).

New American Bible Revised Edition (La Nueva Biblia Americana, Edición Revisada). 2011. http://new.usccb.org/bible/books-of-the-bible/index.cfm (visitada el 29 de junio 2014).

Orden de los Carmelitas. "What is Lectio Divina." http://ocarm.org/en/content/lectio/what-lectio-divina (visitada el 27 de mayo 2014).

Our Sunday Visitor Curriculum Division. *Course 1: The Word (el Curso 1: la Palabra)*. Huntington: Our Sunday Visitor, 2010.

_____. *Course 2: Son of the Living God (el Curso 2: Hijo del Dios vivo)*. Huntington: Our Sunday Visitor, 2011.

Papa Juan Pablo II. *Man and Woman He Created Them: Theology of the Body*. Translated by Michael Waldstein. Boston: Pauline Books, 2006.

_____. *Redemptoris Missio (Sobre la Permanente Validez Del Mandato Misionero)*. 1990. http://www.vatican.va/holy_father/john_paul_ii/encyclicals/documents/hf_jp-ii_enc_07121990_redemptoris-missio_en.html (visitada el 29 de junio 2014).

Papa Pablo VI. *Evangelii Nuntiandi* (Evangelización en el Mundo Moderno), 1975. http://www.vatican.va/holy_father/paul_vi/apost_exhortations/documents/hf_p-vi_exh_19751208_evangelii-nuntiandi_en.html (visitada el 29 de junio 2014).

PBS. "This Emotional Life: Understanding Forgiveness" ("Esta vida emocional: Entendiendo el perdón"). http://www.pbs.org/thisemotionallife/topic/forgiveness/understanding-forgiveness (visitada el 20 March 2014).

Peck, M. Scott. *The Road Less Traveled (El camino menos recorrido)*. New York: Simon and Schuster, 1978.

Rohr, Richard. "Daily Meditation: Transformative Dying: Collapsing into the Larger Life," (Muerte transformadora: Colapsando en la vida más amplia) 14 de abril 2014. http://myemail.constantcontact.com/Richard-Rohr-s-Meditation--Collapsing-into-the-Larger-Life.html?soid=1103098668616&aid=SZvXjpOEWkU (visitada el 23 de abril, 2014).

Rolheiser, Ronald. *The Holy Longing: The Search for a Christian Espirituality*. New York: The Doubleday Religious Publishing Group, Kindle Edición, 2014.

Rubin, Gretchen. *The Happiness Project: Or, Why I Spent a Year Trying to Sing in the Morning, Clean My Closets, Fight Right, Read Aristotle, and Generally Have More Fun (El Proyecto de la felicidad)*. Harper Collins, Inc. Kindle Edición, 2009.

Ruffling, Janet. "Resisting the Demons of Busyness," *Spiritual Life*. Summer 1995: 79-89.

Schaper, Donna. *Sabbath Sense: A Spiritual Antidote for the Overworked (Sabbath: Un antídoto para los que trabajan en exceso)*. Philadelphia: Innisfree Press, 1997.

Strong, James. *Strongest of Strong's Exhaustive Concordance of the Bible (Las más fuertes y exhaustivas concordancias de la Biblia de Strong)*. Grand Rapids: Zondervan, 2001

Think Exist. Quotation: "There is a God Shaped Vacuum in the Heart." http://thinkexist.com/quotation/there_is_a_god_shaped_vacuum_in_the_heart_of/166425.html (visitada el 22 de junio 2014).

West, Christopher. *Theology of the Body Explained: A Commentary on John Paul II's Man and Woman He Created Them.* Boston: Pauline Books, 2007.

Wicks, Robert. *Availability: The Spiritual Gift of Helping Others (Disponibilidad: El regalo espiritual de ayudar a otros).* New York: The Crossroad Publishing Company, 1986.

_____. *Touching the Holy: Ordinariness, Self-Esteem and Friendship (Tocando el santo: Ordinariez, auto estima y amistad).* Notre Dame: Ave Maria Press, 1992.

Wink, Walter. *The Powers That Be.* Doubleday, 1998. http://www.cpt.org/files/BN%20-%20Jesus'%20Third%20Way.pdf (visitada el 20 March 2014).

Wooden, Cindy. "Pope says Christians Should Have Restless Hearts Like St. Augustine's" (El Papa dice que los cristianos deberían tener corazones inquietos como el de San Agustín) *Catholic News Service*, August 28, 2013. Visitada de junio 23, 2014. http://www.catholicnews.com/data/stories/cns/1303694.htm.

Made in the USA
San Bernardino, CA
29 April 2015